Conversational T

CONVERSATIONAL TAGALOG

A Functional-Situational Approach

TERESITA V. RAMOS

University of Hawaii Press
Honolulu

05 06 07 08 09 10   19 18 17 16 15 14

Library of Congress Cataloging-in-Publication Data

Ramos, Teresita V.
  Conversational Tagalog.

  1. Tagalog language—Text-books for foreign speakers—
English. I. Title.
PL6053.R2745 1985   499'.21183421   84-8612
ISBN-13: 978-0-8248-0944-7
ISBN-10: 0-8248-0944-0

University of Hawai'i Press books are printed on acid-free paper
and meet the guidelines for permanence and durability of the
Council on Library Resources.

Printed by Data Reproductions Corporation

www.uhpress.hawaii.edu

CONTENTS

ACKNOWLEDGMENTS

The author is indebted to the Department of Indo-Pacific Languages and to the Office of Research Organization, University of Hawaii, for partially funding the development and typing of the manuscript. Special thanks to Restituto Ceña for his initial help in the development of the text and to Irma Peña and Romulo Esteban for their skillful assistance in preparing the manuscript.

TO THE TEACHER

Introduction

Conversational Tagalog is a beginning-level text that was created for adult foreign/second language learners of Tagalog. It is designed to give practice in idiomatic Tagalog conversation by focusing exercises on simple language functions. The lessons are developed to enhance the interactional nature of communication.

The lessons provide for the integrated development of the four major skills: listening, speaking, reading, and writing. Each individual lesson and series of lessons works toward communication.

The Approach

The method used in developing this text is a functional-situational approach rather than the grammatical or structural one used in the earlier text *Tagalog for Beginners* (1971). Conversations frequently used in direct communication activities are the core of the text. Role-playing, dialog modification or variation, and games--rather than just structural drills--help students utilize the newly presented materials.

The objective of this method is to encourage more creative student work rather than simple imitation of the teacher's model. Exercises are constructed to maximize interaction between students, with the teacher acting as facilitator and resource person.

Books in teaching language focused largely on teaching grammar. But it has been found that this approach does not help the learner to use the language in actual communicative situations. Rather than developing structure-oriented materials, this book explores various ways of teaching language through actual and simulated activities, always working toward communicative competence.

Grammatical explanations and exercises are based on what appears in the dialog and not predetermined in the construction of the dialogs.

Plan of the Text

The twenty-five units in *Conversational Tagalog* are
organized by themes stressing the communicative value
of language when applied to real-life situations.
Each unit has a set of functions. For instance stu-
dents learn how to: greet, introduce, ask for in-
formation, give and follow instructions, express
preferences and dislikes, make requests, tell time,
describe, talk about events, and so on.

The format includes: Dialog, Mini-dialog (gener-
ally preceded by vocabulary words, and followed by
exercises, communicative activities, and cultural/
grammar notes when needed), Dialog Variation and/or
Cumulative Activities, Grammar Notes and/or Grammar
Exercises, Vocabulary Exercises, Writing Exercises,
Reading Exercises, Pronunciation Drill, and Self-
Assessment List.

The mini-dialogs are the basic building blocks
of each lesson. They are functional units of inter-
action, often a question and an answer, sometimes
referred to in the literature as "speech acts."

How to Use the Text

DIALOG: The dialog provides the stimulus for the
new features of the lesson. It presents a language
function in relation to a particular context. It
should be presented by the teacher at the beginning
of each lesson with the students' books open. The
teacher may ask the students to repeat the lines
of the dialog, but it is not designed for memoriza-
tion. The dialog, however, is often used as the
model for role-playing at the end of the lesson.
Comprehension questions about the dialog may be
asked to verify student understanding. The ques-
tions can be asked after the initial presentation,
or while reviewing the dialog later in the lesson.

MINI-DIALOGS: These are very short two-sentence
dialogs, often involving a question and an answer.
Most mini-dialogs are preceded by a *vocabulary* list
that can be used to vary the mini-dialogs. Unfamiliar
vocabulary should be reviewed. Teachers can ask
for and answer student questions about vocabulary
items. They can prepare handouts for the class with
sentences using the new words in various contexts.
Follow-up questions using the vocabulary in the con-
text of the students' own experiences may help them
acquire the words. The mini-dialog is presented
under the subtopic *practice*. The core of the lesson

is mastering these mini-dialogs with as many varia-
tions as possible. Instead of sentence drills, the
practice section approximates actual language use.
Activities that follow make use of the new material
in communicative interactions. These are largely
open-ended activities that require student partici-
pation in their design and execution. In many cases,
they provide an opportunity for students to demon-
strate abilities and accomplishments they have
attained in the current and previous lessons. *Cul-
tural notes* highlight certain values, concepts, or
practices mentioned in the dialogs when relevant
to the appropriate use of the language: for instance,
when to use the respect form *po*. *Grammar notes* are
simple linguistic generalizations or explanations
made about selected grammatical structures used in
the mini-dialogs presented. Exercises often follow
the grammatical explanation. These are used mainly
to reinforce the grammatical point described and to
test whether the student understands the explanation
and can use the structure correctly. These exercises
may be assigned as homework and corrected in class.

DIALOG VARIATION: This section supplies the student
with a range of ways in which to vary the initial
dialog.

CUMULATIVE ACTIVITIES: This section has special
exercises that attempt to integrate most of what
has been presented in the unit. They involve testing
the learner's communicative competence through role-
playing, games, problem-solving exercises, and so on.
This section gives students the opportunity to com-
municate their own experience and ideas.

These activities are probably the most important
step toward assimilating the new material into the
learner's actual language use. In the subsection
marked *role-play*, students are given a sample dialog
or a partial dialog, often patterned after the initial
dialog, that demonstrates the use of the new function
in context. Working with one or more partners,
students create their own dialogs, practice them,
and present them to the rest of the class. It is
suggested that students first write out exactly what
they are going to say. But when presenting their
dialog to the teacher and their classmates, they
should not be allowed to read it. Meaningful devia-
tions from the original wording and paraphrases
should be welcomed as indications that the students
have indeed assimilated the material in more than a
superficial way. The students will be encouraged to
develop new situations, including as often as

possible material learned in other dialogs or in
other classwork. In later lessons, students are
given situations to role-play, or told to prepare
their own dialogs based on the dialogs in the lesson
and to perform their versions for the class.

Language games are included in this section
because they are excellent techniques for utilizing
the language material naturally without the learners
stopping to think about the structure. Games are the
best means for communicative interaction.

GRAMMAR NOTES: This section is different from
grammar notes within the mini-dialog section because
the scope of the description or explanation is
broader. It focuses on the main grammatical point
or points presented in the unit.

GRAMMAR EXERCISES: These exercises are not always
preceded by grammar notes. They focus on grammatical
items introduced in the unit rather than in any
specific mini-dialog. They include substitution,
transformation, completion, and sentence combination
exercises among others.

VOCABULARY EXERCISES: This section tests student
mastery of some of the vocabulary introduced in the
unit. Most of the exercises are matching exercises
and fill-ins. Some are tests of vocabulary retention
--guessing games, word contests, and classification
of words by use or other criteria.

READING EXERCISES: Reading selections provide further
contextualization of the new material. They are
usually in the form of dialogs or essays followed by
new vocabulary words and comprehension questions.

WRITING EXERCISES: Writing exercises test student
understanding of the new lessons creatively. These
exercises can be used in the classroom or assigned as
homework. They are usually in the form of sentence
completion, transformation, and construction; supply-
ing correct verb forms; dialog variation or creation;
and simple paragraph and letter writing.

PRONUNCIATION DRILLS: This section helps students
distinguish Tagalog sounds that are new or different
to native English speakers by word, phrase, and sen-
tence drills. Stress shifts are also practiced.

SELF-ASSESSMENT LIST: The final section of each unit summarizes the functional, grammatical, and pronunciation skills the student should have acquired. It also serves as the teacher's guide on the contents of the unit.

Illustrations

Pictures are very helpful to beginning-level students. There are a few figures in the text used as stimulus for eliciting specific functional skills. Text-provided pictures, however, are not usually applicable to particular classroom situations; therefore, teachers are encouraged to develop their own set of illustrations to use with the materials.

Appendixes

Five appendixes supplement the lessons in the text. Appendix 1 is composed of twenty-two classified supplementary vocabulary lists. Only the more common and useful vocabulary words are listed. The English gloss is given first in alphabetical order to facilitate finding specific terms. Appendix 2 contains twenty popular native songs, including the national anthem. Appendix 3 comprises four verb charts illustrating common verbal conjugations. Appendix 4 displays the major affixes and their various forms. Appendix 5 is a chart illustrating the *ang*, *ng*, and *sa* pronoun sets.

Each appendix is prefaced by a short description of its contents; the longer ones have a complete table of contents. It is hoped that these materials will be used to reinforce and expand the text.

Glossary

The glossary at the end of the book contains most of the new vocabulary words introduced in the lessons. Words are listed with their affixes, which indicate their verbalizing, nominalizing, or modifying functions. Glosses are limited to the definitions used in the text. The Tagalog word is listed first, followed by the English gloss. The list is not confined to single words. Vocabulary expressions introduced as a unit are listed as such. For example, *anak ng kapatid ko* (n): nephew/niece 11. The part of speech is enclosed in parentheses, and the number after the English gloss indicates the lesson in which the term was first introduced.

Symbols Used in the Text

⁀   primary stress

'   glottal stop

Expected Speaking Proficiency Level

By the end of the session students are expected to
have attained a speaking proficiency of the language
at an S1+ level (or higher). This requires the ac-
quisition of the basic skills in the target language's
structure, vocabulary, pronunciation, fluency, and
comprehension. Unlike most language texts, emphasis
is placed not only on linguistic skills (with limited
vocabulary) but on functional or communicative use
of the language. Facility in the use of the target
language is taught in areas of daily or frequent
activity, interspersed with culture-specific activi-
ties.

Expected Attainments

1. FUNCTIONAL SKILLS

    Students will be able to sustain simple conver-
    sation in the following social situations:

    a. greetings and leave-takings
    b. introducing oneself and others
    c. expressing likes and dislikes
    d. telling time with Spanish numerals
    e. giving dates with Tagalog and Spanish
       numerals
    f. expressing simple discomforts
    g. narrating daily, past, and future activities
    h. describing people and objects
    i. asking and giving directions
    j. buying and ordering meals

2. LINGUISTIC SKILLS

    Structure

    At the end of the lessons, students are expected
    to be able to use the following grammatical
    items with some facility:

    a. Basic statement and question patterns
       (affirmative and negative).

b. Question words (*ano, sino, kailan, bakit, kanino, alin, ilan, magkano, saan, nasaan*).

c. Basic actor (*mag-, -um-, ma-*) and object (*-in, i-*) focus verbs.

d. Pseudo-verbs (*gusto/ayaw*).

e. Existentials and possessives (*may/mayroon/ wala*).

f. Different sets of pronouns and demonstratives.

g. Appropriate markers (*ang/ng/sa*) for phrases.

h. Adverbial phrases indicating time and location.

i. Simple modification constructions.

j. Expanded basic sentences with connectors (*at, pero, kasi*).

k. Linkers (*-ng/na*).

Vocabulary Skills

Students will have acquired the names of common objects, colors, shapes, kin terms, places, food, occupations, etc.; some *ma-* adjectives; Spanish and Tagalog numerals; and basic actor focus and object focus verbs.

Pronunciation Skills

Students will be able to approximate critical sounds like the glottal stop /'/, nasal velar /ng/ in initial position, and unaspirated initial stops /p-/, /t-/, /k-/.

Comprehension Skills

Students will be able to answer simple questions about daily routine, family, self, etc.

Conclusion

It is the author's hope that these materials are relevant and enjoyable and that the text's organization will encourage those teachers who have adopted a strictly structural graded course to explore the functional-situational approach to language teaching. The text is not perfect and does not profess to be. Teachers and students together are the best judges of what works. Together they can decide what facilitates language learning.

Lesson 1

USING COMMON EVERYDAY GREETINGS AND INQUIRIES

DIALOG: SA KLASE

Makinig at Intindihin (Listen and Understand):

G. SANTOS:
> *Magandang umaga sa inyong lahat.*

Good morning to all of you.

MGA ESTUDYANTE:
> *Magandang umaga po naman.*

Good morning, sir.

G. SANTOS:
> *Kumusta kayo?*

How are you?

MGA ESTUDYANTE:
> *Mabuti po naman.*

We're fine, sir.

G. SANTOS:
> *Nasaan si John?*

Where is John?

BOB:
> *Wala po. May sakit po siya.*

He's not here, sir. He's ill.

Formal titles of address are *Ginoong* (G.) for Mr.; *Ginang* (Gng.) for Mrs.; and *Binibining* (Bb.) for Miss.

MINI DIALOGS

1. Greetings: *Magandang umaga!* 'Good morning'!

   Vocabulary

gabí	evening
hápon	afternoon
magandá	pretty
namán	too, also
po'	respect particle
tangháli'	noon
umága	morning

1

Practice

Your teacher greets you:

Magandang umaga, Bob.

      tanghali'
      hapon
      gabi

You answer with:

Magandang umaga po
    naman, (G. Santos).

      tanghali'
      hapon
      gabi

You greet your teacher:

Magandang umaga po
    (G. Santos).

      tanghali'
      hapon
      gabi

Your teacher responds with:

Magandang umaga
    naman, (Bob).

      tanghali'
      hapon
      gabi

Activities

1. What greeting would you use if the time were as follows, and you were greeting a superior?

    a. 7:00 a.m.   d. 8:00 p.m.
    b. 11:00 a.m.   e. 4:00 p.m.
    c. 12:00 noon f. 9:00 a.m.

2. What would you say in the following situations:

    a. It is 7:30 a.m. and you meet your

        friend in the corridor
        teacher
        classmate

    b. It is 12:00 noon and you see your

        language teacher in the office
        friend in the cafeteria
        principal

    c. It is 9:00 p.m. and you meet your

        neighbor, Mr. Reyes
        friend
        family doctor

Cultural Notes

The Respect Particle *Po'*

Po' is a respect particle roughly equivalent in usage to "sir" or "ma'am" in English. It is used for older people, for one's superiors, or for strangers. It is significantly absent from the speech of older people and superiors and in interchanges between equals. It is obligatory in the speech of barrio folks. *Ho'* is a less formal variant of *po'*.

Po' is obligatorily accompanied by *kayo* (second person plural pronoun) or by the even more respectful *sila* (third person plural pronoun). *Kayo* and *sila* are used in deferential speech in direct address.

Filipino Names

Most Filipino names are either Spanish or American. Very few truly native names are in use.

Grammar Notes

> -Ng in *magandang* 'beautiful' is a linker connecting the adjective to the following noun.
>
> *Naman* is a particle which, in the context of responses to greetings like *Magandang umaga naman* or *Mabuti naman*, roughly means 'too'. In colloquial English, "too" does not occur in this context.

2. Greetings: *Kumusta (ka)?*   'How are you'?

Vocabulary

anó	what
áyos lang	just fine
ba	question marker
ka	you (sing.)
kayó	you (pl.)
kumustá	how (are you)
héto	here
mabúti	fine

Practice

Pretend you have not seen your classmates for some time. Greet one another until everyone has met everyone else. (Show enthusiasm in your voice!)

Greet your classmates:

Kumusta, Ben.

O, ano, Ben, kumusta?

O, ano ba, Ben, kumusta?

Respond with:

Mabuti (naman)!

Ayos lang!

Heto, mabuti!

Activities

Complete the dialogs below.

1. Bob: _____?
   Jim: Mabuti naman.

2. Pat: _____hapon _____, Bb. Reyes.
   Bb. Reyes: _____.

3. Tommy: Magandang umaga, _____.
   Sue: _____.
   Tommy: Kumusta _____.
   Sue: _____.

3. Inquiries: *Nasaan ka?* 'Where are you'?

Vocabulary

ang	subject marker
lagnát	fever
may	existential particle
nasaán	where
sakít	illness
si	proper noun subject marker
sipón	cold
silá	they
siyá	he/she
trabáho	work
walá'	existential negative particle
pulís	policeman
doktór	doctor

Practice

Question	Response
Nasaan si John?	1. *Nasa laybrari (si John).*
Leilani?	*kapeterya*
Fred?	*party*
Bob	*bus*
Nasaan ang pulis?	*City Hall*
doktor?	*ospital*
drayber?	*parke*
Nasaan siya?	*sine*
sila?	*istadyum*

4

2. *Wala. May* <u>*sakit*</u> *siya/sila.*

  sipon
  trabaho
  lagnat

  Ewan ko. ('I don't
    know'.)

  Hindi ko alam. ('I don't
    know'.)

Activities

1. Think of well-known personalities or familiar objects. Then fill in the blanks below with the appropriate words. Supply incorrect information for the middle slot.

   Examples:

     Nasaan si <u>Marcos</u>?
     Nasa <u>Malakanyang</u>.
     Wala (siya roon). Nasa <u>Kongreso</u> siya.

     Nasaan ang <u>Big Ben</u>?
     Nasa <u>Toronto</u>.
     Hindi (tama). Nasa <u>London</u>.

   Note the alternate use of *hindi* (negating the truth of a statement), and *wala* (negating the existence of someone).

     Nasaan si _____?
     Nasa _____.
     Wala. Nasa _____ siya.
     Wala. May _____ siya.

     Nasaan ang _____.
     Nasa _____.
     Wala. Nasa _____.

2. A woman, in tears, confronts you and asks the following questions. Invent answers to console her.

   a. Nasaan ang asawa ko? (Where's my husband?)
   b. Nasaan ang mga anak ko? (Where's my child?)
   c. Nasaan ang mga damit ko? (Where are my clothes?)
   d. Nasaan ang kotse namin? (Where is our car?)
   e. Nasaan ako? (Where am I?)

Grammar Notes

Nasaan ('where') questions are answered by *nasa* plus the place or location.

```
┌─────────────────────────────────────────────────────────┐
│  Example:                                                 │
│  Nasaan si Bob?          Where is Bob?                    │
│  Nasa kapeterya.·        In the cafeteria.                │
└─────────────────────────────────────────────────────────┘
```

DIALOG VARIATION

Break up into pairs and role-play the following situations:

1. You are looking for your friend Bob. You meet
    Sue at an evening party. Perhaps she knows where
    Bob is.

2. It is 9:00 in the morning. You are looking for
    Dr. Cruz. You meet Mrs. Cruz, the doctor's wife.

3. Strolling in the park you meet a friend. After
    the usual greetings ask where someone (or an
    object) is.

GRAMMAR EXERCISE

Some of the sentences below contain grammatical errors.
Correct them.

1. Maganda umaga po, Gng. Cruz.
2. Nasaan ang John?
3. Kumustang po kayo?
4. Nasa laybrari si titser.
5. May ubo siya.
6. Nasaan si Minty? (Minty is a pet cat.)
7. Kumusta po kayo, Benny?
8. Kumusta po ka?
9. Mabuti naman.
10. Nasaan si gymnasium?

VOCABULARY EXERCISES

1. Match Tagalog and English words:

    a. umága   ___ 1. they
    b. magandá   ___ 2. he/she
    c. hápon   ___ 3. where
    d. tangháli'   ___ 4. morning
    e. nasaán   ___ 5. you (sing.)
    f. silá   ___ 6. park
    g. ka   ___ 7. noon
    h. kayó   ___ 8. afternoon
    i. párke   ___ 9. pretty, good
    j. siyá   ___10. you (pl.)

6

2. Underline the Tagalog word or phrase defined:

    a. respect particle   po' / naman / kayo /
                                    maganda / Gng.

    b. too, also   Bb./ hapon / naman /
                                    laybrari /sila

    c. there is   lagnat / sipon / si / may /
                                    nasa

    d. person name-marker ang / si / ewan / ko / ng

    e. place marker   ang / sa / si / ng / ni

    f. work   trabaho / pulis / sa /
                                    hindi' / wala'

    g. house   ospital / bahay / party /
                                    umaga / hapon

    h. How are you?   Ewan ko. / Kumusta. /
                                    Nasaan ka ba.

    i. Fine!   Mabuti! / Ewan! / Hindi! /
                                    Wala!

    j. illness   maganda / sipon / sakit /
                                    tanghali'

3. Many English words have been incorporated into
    Tagalog. You should have no trouble determining
    the English equivalents of these words:

títser	bakasyón	trak
dráyber	pulís	píknik
párty	kapeteryá	párke
prinsipál	ospitál	rádyo
láybrari	doktór	telebisyón

WRITING EXERCISE

Rewrite the dialog with Tom and Steve as the characters.
Tom asks for Martha. Martha is in the hospital.

PRONUNCIATION DRILLS

Listen and repeat the following words, phrases, and
sentences after your teacher.

1. Sound drill: /a/, /e/, /i/, /o/, /u/

/a/	/e/	/i/	/o/	/u/
magandáng	kapeteryá	Binibíning	po'	mabúti
umága	Réyes	Ginoóng	hápon	umága
tangháli'	bérde	Gínang	Sántos	kumustá

    In some instances, /i/ and /e/, and /o/ and /u/
    alternate freely.

2. Word drill: Stress

    hápon   umága   Binibíning   Ginoóng
    Gínang   tangháli'   gabí   namán

3. Sentence drill

    Magandáng umága (po'), Bb. Sántos.

              gabí   G.
              tangháli'   Gng.
              hápon

SELF-ASSESSMENT LIST

By the end of this lesson you should be able to:

1. Use the expressions *magandang umaga/hapon/gabi/
    tanghali'* and *kumusta ka/kayo* to greet others.

2. Use the respect particle *po'* and the plural second
    person pronoun *kayo* when greeting or responding to
    older people.

3. Ask and respond to *nasaan* questions.

4. Recognize the difference between English and
    Tagalog simple vowel sounds.

If you find it difficult to do any of the above items,
go back to the part of the lesson you have trouble
with and have your classmates and/or teacher help you.

Lesson 2

EXTENDING GREETINGS, GIVING INSTRUCTIONS, AND TAKING LEAVE

DIALOG: SA ESKUWELAHAN

Makinig at Intindihin (Listen and Understand):

TED: *Hoy, Ben, saan ka pupunta?* — Hey, Ben, where are you going?

BEN: *Diyan lang sa tindahan.* — To the store.

TED: *Linda, si Ben ito. (Kaibigan ko siya.)* — Linda, this is Ben. (A friend of mine.)

LINDA: *Kumusta ka, Ben.* — How are you, Ben.

BEN: *Mabuti naman. At ikaw?* — Fine. And you?

LINDA: *Mabuti rin.* — Fine, too.

TED: *O, sige, Ben, diyan ka na. Pupunta kami sa aklatan.* — Okay, Ben, we have to leave you. We're going to the library.

BEN: *O, sige. Bay!* — All right. Bye!

Understanding the Dialog

Read the line where:

1. Ted asks where Ben is going.
2. Ben says good-bye.
3. Ben inquires about Linda's well-being.
4. Ted introduces Ben to Linda.
5. Ben says he's going to the store.
6. Ted says he and Linda are going to the library.

Cultural Notes

1. *Kumusta* is derived from the Spanish 'como esta'.

2. A very common greeting in Tagalog is *Saan ka pupunta?* 'Where are you going'? or *Saan ka galing?* 'Where have you been'?

   This may be interpreted by foreigners as being a nosy question, but it is actually a very informal greeting equivalent to 'hello' or 'how are you' in English. The

9

response to this greeting need not indicate exactly where the addressee is going or has come from. A vague expression, *diyan lang* 'over there; just there', will suffice.

3. *Hoy* is a very familiar greeting that can be translated in English as 'Hi'! It is also used as an attention-getter like the English word 'Hey'! In this sense, as in English, the word is never used in situations requiring respect for the one spoken to.

MINI-DIALOGS

1. Greetings: *Saan ka galing?*   'Where did you come from'?

               Saan ka pupunta?   'Where are you going'?

Vocabulary

báhay	house	*laybrarí*	library
kláse	class	*opisína*	office
klínika	clinic	*síne*	movies

Practice

Greeting

Saan ka galing?
Saan ka pupunta?

Response

Diyan lang.
Diyan lang sa `tindahan.`
    McDonalds   *laybrari*
    sine   *opisina*
    "gym"   *klase*
    klinika   *kapeterya*
    eskuwelahan

Activities

1. Ask and answer questions like those below.

    S1 (to S2):   Saan ka pupunta?
    S2:   Sa downtown.
    S2 (to S3):   Saan ka galing?
    S3:   Sa bahay.
    S3 (to S4):   Saan ka pupunta?
    Etc.

2. Get a partner and practice asking and answering the following questions:

    a. Saan ka galing?
    b. Saan ka pupunta?
    c. Saan galing ang kuwintas mo?   ('necklace')

d. Saan galing ang sapatos mo?   ('shoes')
e. Saan galing ang damit mo?   ('dress')
f. Saan galing ang kapatid mo?   ('brother/
                                   'sister')
g. Saan galing ang kaibigan mo?   ('friend')
h. Saan galing si Don?

Grammar Notes

Saan questions are answered by *sa* followed by the location.

Examples:

Saan ka pupunta?   *Sa* kapeterya.
Saan siya galing?   *Sa* laybrari.

Pronouns occur before *galing* or *pupunta*; names and nouns occur after:

Examples:

Saan   *ka*   pupunta/galing?
        kayo
        sila
        siya

Saan pupunta/galing   *si Don?*
                       si Marta?
                       ang babae?
                       ang pulis?

2. Introducing oneself: *Ben ang pangalan ko.*
                            'My name is Ben'.

Vocabulary

anó	what
ko	my
mo	your
pangálan	name
mabúti	fine
ikáw	you
kumusta ká?	How are you?

Practice

Opener: Response:

Ben ang pangalan   *Charles ang pangalan*
ko. Ano ang pangalan   *ko.   Kumusta?*
mo?

Activities

1. Introduce yourself to your classmates following the format below.

   S1 (to S2): _____ang pangalan ko. Ano'ng pangalan mo?

   S2 (to S1): _____ang pangalan ko. Kumusta?

   S1: Mabuti, ikaw?

   S2: Mabuti rin.

   S1 (to S3) _____ang pangalan ko. Ano'ng pangalan mo?

   Note that *ano'ng* is a contraction of *ano ang*.

2. Pretend the members of the class are passengers stranded somewhere in the desert. Passenger A introduces himself. Passenger B, who has a hearing difficulty, asks Passenger C what Passenger A has just said. Passenger C reports what Passenger A said.

   A: _____ang pangalan ko.

   B (to C): Ano ang pangalan niya?

   C (to B): _____ang pangalan niya.

   A: Galing ako sa _____.

   B (to C): Saan siya galing?

   C (to B): Galing siya sa _____.

   A: Pupunta ako sa _____.

   B (to C): Saan siya pupunta?

   C (to B): Pupunta siya sa _____.

   A: Kumusta kayong lahat?

   B (to C): Ano ang sinabi niya?

   C (to B): Kumusta daw tayong lahat.

3. Introducing a friend: *Si Ben ito.* 'This is Ben'.

Vocabulary

si	proper noun marker
kaibígan	friend
siyá	he/she

Practice

Opener	Response
Barb, si Charles ito. Kaibigan ko siya.	*Kumusta.*

Activities

Perform the above dialog. Any student may start and say, "*X, si Y ito. Kaibigan ko siya.*" X should be the name of the person to his left, and Y the name of the person to his right. Student X and Student Y make the appropriate responses.

Do this exercise snappily until everyone has participated, and your teacher is satisfied that the dialog has come out smoothly.

4. Expanded greetings and responses:

Kumusta ang pamilya mo?   'How's your family'?

Vocabulary

O, anó	how's it
héto	here
magandá	beautiful, pretty
buháy	alive
pa	yet, still
humihingá	breathing
maígi	fine
laró'	game
nakakaráos	surviving
pílay	sprain
trabáho	work
likód	back
túhod	knee

Practice

Question	Response
Kumusta ang pamilya mo?	*Mabuti (naman). Sa awa ng Diyos.*
O, ano Ben, kumusta?	*Heto, buhay pa. Humihinga pa.*

Activities

1. Inquire about someone close to your friend:

    Question   Response

    Kumusta ang tatay mo?
    Kumusta ang nanay mo?
    Kumusta ang mister/misis mo?   Mabuti (naman)
    Kumusta ang mga anak mo?   (sa awa ng Diyos).
    Kumusta si Natalia?

2. Inquire about the place your friend has been to:

    Kumusta ang San Francisco?
    Kumusta ang Hawaii?
    Kumusta ang Edmonton?   Maganda!
    Kumusta ang Maynila?

3. Inquire about something your friend is concerned about:

                               Ayos lang.
                               Maigi (naman).

    Kumusta ang trabaho mo?   Mabuti sa wala.
                               Mabuti (naman).
                               Nakakaraos naman.

    Kumusta ang bisnis mo?
    Kumusta ang tenis mo?
    Kumusta ang golp mo?
    Kumusta ang likod mo?   Mabuti (naman).
    Kumusta ang laro mo?
    Kumusta ang pilay mo?
    Kumusta ang tuhod mo?

Cultural Notes

The seemingly unenthusiastic reponses *Mabuti sa wala* 'Better than nothing', *Heto, buhay pa* 'still alive', *Humihinga pa* 'still breathing', and *Nakakaraos naman* 'barely surviving' should not be taken too seriously. If at all these responses should be taken to mean that things couldn't be any better. Saying exactly the opposite of what one means is not an uncommon feature of Tagalog informal conversation.

Sa awa ng Diyos 'By the grace of God' is often added after *Mabuti naman* 'Fine' when the inquiries are about members of the family.

14

4. Leave-taking: *Diyan ka na.*
                   'You be there'. (good-bye)

Vocabulary

O, síge	Okay
Diyán ka na.	lit., 'you be there' (good-bye)
kamí	we
lang	only
magkíta táyo	let's see each other

Practice

Leave-taking	Response
O sige, Ben, diyan ka na.	*O, sige, bay.*
Pupunta kami sa laybrari.	

             ako   kapeterya

                         gym

Leave-taking	Response
O, sige, Ben.	*O, sige, bay.*
Magkita na lang tayo	
sa klase.	

    "party"
    Linggo
    "beach"
    etc.

Supply time expressions such as *bukas, sa Sabado, mamaya,* etc.

Leave-taking	Response
Aba, tanghali na pala.	*O, sige, bay.*

    hapon
    gabi
    oras   ('time')
    klase
    etc.

Lalakad na ako.

Cultural Notes

Leave-taking expressions often used are:

Diyan ka na.	Lit: 'You be there'.
Diyan na (po) kayo.	'You (pl.) be there, sir'.

O sige, aalis na ako.	'OK, I'm leaving'.
Mauuna na ako.	'I'll go ahead'.
Bay	Derived from English 'good-bye'
Adyos	Derived from Spanish 'adios'
Paalam na (po).	'Farewell' (used in more formal literary contexts—usually addressed to older people)

DIALOG VARIATION

Change the appropriate line(s) in the dialog to reflect the following situations:

1. Ben is going to the <u>library</u>.
   gymnasium
   movies

2. Ted and Linda are going to the <u>beach</u>.
   church
   Etc.

3. Ted introduces <u>Perla to Bob.</u>
   Roxanne to Charles
   Etc.

GRAMMAR EXERCISE

Some of the sentences below are ungrammatical. Correct them.

1. Pupunta ako bahay.
2. Ano ang pangalan ka?
3. Saan tayo nanggaling?
4. Aba, Ben, pupunta ikaw?
5. O, sige, Ted, diyan na ka.
6. Saan galing ang kaibigan mo?
7. Linda si Charles ito.
8. Si Ruben pupunta sa "downtown."
9. Magkikita na lang tayo bukas.
10. Diyan lang ng tindahan.

VOCABULARY EXERCISE

Match the Tagalog with the English terms:

a. tindahan   ____ 1. you
b. mo   ____ 2. where

16

c. pangalan   ____ 3. come from
d. din   ____ 4. will go
e. pupunta   ____ 5. also, too
f. kaibigan   ____ 6. library
g. ito   ____ 7. store
h. saan   ____ 8. this
i. galing   ____ 9. friend
j. aklatan   ____10. name

READING EXERCISE

Read and understand the following dialog:

(Nagkita sa may Campus Center ang magkaibigang Ed at Pete. May kasama si Ed.)

Pete: O, ano, Ed, kumusta?

Ed: Mabuti naman. Ikaw?

Pete: Eto, hirap na hirap sa klase.

Ed: Talagang ganyan ang estudyante. Siyanga pala, ito si Armando. Taga U.P. siya. Fellow siya sa East-West Center.

Pete: Kumusta ka, Armando.

Armando: Maigi naman.

Pete: Kumusta ang Maynila?

Armando: Gaya pa rin ng dati. Buhay na buhay.

Ed: Lalakad na kami, Pete. Pupunta pa kami sa laybrari.

Pete: O sige. Pero kailangang mag-"lunch" tayo minsan nitong si Armando para mabalitaan naman niya tayo ng mga nangyayari sa Pilipinas.

Armando: Aba, e, sige.

Pete: Okey. Hanggang sa muli.

Vocabulary

buháy na buháy !	'very much alive'; in this context: 'lively', 'dynamic'
hanggáng sa mulí'	'until next time'. Equivalent to the English 'till we meet again'
hiráp na hiráp sa kláse	'having a difficult time in class'

17

Questions

1. Ano ang ginagawa ni Armando sa Hawaii?
2. Anu-ano pang mga siyudad ang masasabi mong buhay na buhay?
3. Bakit gusto ni Pete na mag-lunch silang tatlo nina Ed at Armando?
4. Talaga kayang hirap na hirap si Pete sa klase?

WRITING EXERCISE

Fill in the blanks with real names.

1. A: Si _____ ako. Ano ang
        (name)

   _____ mo?

   B: _____ ang pangalan ko.

2. A: Kumusta ka_____?
                        (name)

   B: _____. Kumusta ka?

   A: Mubuti rin.

3. A: Gng. _____, si _____ _____
      ito.

   B: Kumusta_____, _____?

   C: _____.

4. A: Hoy, _____, saan ka pupunta?

   B: Diyan lang sa _____.

   A: _____(C)_____, _____(B)_____
      ito.

   C: _____ka, _____?

   B: _____naman. At ikaw?

   C: _____rin.

18

A: O sige, _____, diyan _____na.

Pupunta kami sa _____.

B: O, _____, bay.

GRAMMAR NOTES

1. The English verb "to be" (is, are, was, were,
    etc.) is not present in Tagalog sentences.
    The literal translation of *Saan ka pupunta?*
    is 'Where are you going'? *Kumusta ka* means
    'How are you'?

2. *Ka* 'you' and *ako* 'I' are *ang* pronouns that
    belong to this set:

ANG pronouns	Singular		Plural
First person	*ako*	'I'	*kami* 'we' (excl. listener)
Second person	*ikaw/ka*	'you'	*tayo* 'we' (incl. listener)
Third person	*siya*	'he/she'	*sila* 'they'

Ka never occurs initially in a sentence. *Ikaw* is
used instead

Ikaw   ay   saan   galing?

you   (inversion marker)   where   come from?

All the *ang* pronouns listed above can replace *ka*
in a sentence.

Example:

Saan   ka   pupunta?
       siya
       sila
       kayo
       tayo

3. *Mo* belongs to another set, the *ng* set of
    pronouns. *Ano ang pangalan mo? Mo* 'you' cannot
    be replaced by *ka*. Only pronouns belonging to
    the *ng* set of pronouns can replace *mo*.

The *NG* pronouns:	Singular		Plural	
First person	*ko*	'I, me, mine'	*namin*	'we, us, ours' (excl.)
			natin	'ours' (incl.)
Second person	*mo*	'you, your, yours'	*ninyo*	'you, your, yours'
Third person	*niya*	'he/she him/her, his/hers'	*nila*	'they, them, their theirs'

Example:

Ano ang pangalan mo?
        niya?
        ninyo?
        etc.

Phrases made up of *ang* + noun are always followed by *ng* phrases or *ng* pronouns usually denoting possession.

PRONUNCIATION DRILLS

Sound Drill: /a/, /-ng-/, /-ng/, /p-/, /t-/, /k-/

 a. The Vowel /a/

   *akl*á*t*a*n*
   g*á*ling
   s*aá*n

 b. The Velar Nasal /ng/

   /-ng-/   /-ng/

   pa*ng*álan   magandá*ng*
            Gína*ng*
            Binibíni*ng*

 c. The Unaspirated Initial Stops:
   /p-/, /t-/, and /k-/

   /p-/   /t-/   /k-/

   *p*upuntá *t*indáhan *k*umustá *k*láse
   *p*angálan   *k*a   *k*apeteryá

Make sure that your /p-/, /t-/, /k-/ sounds are not aspirated.

Phrase and Sentence Drill

    a. Ano ang pangalan mo?
    b. Kumusta ka?
    c. Mabuti naman.
    d. Saan ka pupunta?
    e. Diyan lang (sa tindahan).
    f. O, sige. Diyan ka na.

SELF-ASSESSMENT LIST:

By the end of this lesson you should be able to:

1.   Ask and respond to *saan* questions.

2.   Ask the question *ano ang pangalan mo* and respond with the pronoun *ko* when asked the same question.

3.   Respond to questions having *kumusta*.

4.   Take note of age and position in introductions.

5.   Make appropriate leave-taking expressions.

6.   Produce unaspirated initial *p-*, *t-*, and *k-* sounds.

Review items you haven't learned.

Lesson 3

ASKING FOR TAGALOG EQUIVALENTS
AND IDENTIFYING OBJECTS

DIALOG: ANO SA TAGALOG ANG ...?

Makinig at Intindihin (Listen and Understand):

BILL:
> *Taga-Maynila ka pala.*

So you're from Manila.

MARSHA:
> *Oo, kadarating ko lang.*
> *Taga-Oregon ka pala.*

Yes., I have just arrived. So you're from Oregon.

BILL:
> *Taga-Oregon nga. Sa*
> *Eugene. Nag-aaral ako*
> *ng Tagalog. Puwede*
> *bang magtanong?*

That's right. From Eugene. I'm studying Tagalog. May I ask you a question?

MARSHA:
> *Sige, iyon lang pala.*

Sure, why not.

BILL:
> *Ano sa Tagalog ang*
> *"smile"?*

What is "smile" in Tagalog?

MARSHA:
> *Ngiti.*

"Ngiti."

BILL:
> *Paano mo sasabihin sa*
> *Tagalog ang "to smile"?*

How do you say "to smile" in Tagalog?

MARSHA:
> *"Ngumiti."*

"Ngumiti."

BILL:
> *Marsha, ang ganda*
> *mong ngumiti!*

Marsha, you smile beautifully!

MARSHA:
> *A ... e ... salamat!*

Oh ... ah ... thanks!

Understanding the Dialog

Who is referred to in the following sentences?

1. Taga-Oregon siya.
2. Taga-Maynila siya.
3. Nag-aaral siya ng Tagalog.

4. Nagtanong siya.
5. Ang ganda niyang ngumiti.

MINI-DIALOGS

1. Asking for Tagalog equivalents:
   Ano sa Tagalog ang ...
   ('What is . . . in Tagalog'?)

   Vocabulary

bintána'	window
kísame	ceiling
padér	wall
pintó'	door

   Practice

Question	Response
Ano sa Tagalog ang "blackboard"?	*Pisara.*

   Activities

   1. Label objects in, and parts of, the classroom.

   2. Look around the classroom. Formulate questions that ask for the Tagalog equivalents of the objects you see.

      Examples:

Question	Response
Ano sa Tagalog ang "chair"?	Silya.
Ano sa Tagalog ang "table"?	Mesa.
Ana sa Tagalog ang "pencil"?	Lapis.
Ano sa Tagalog ang "paper"?	Papel.
Ano sa Tagalog ang "book"?	Libro.
Etc.	

   3. Have a chain drill asking for the Tagalog equivalents of vocabulary items thus far introduced.

      Examples:

      S1 (to S2): Ano sa Tagalog ang "classroom"?

      S2: Silid-aralan.

      S2 (to S3): Ano sa Tagalog ang "going"?

      S3: Pupunta.

S3 (to S4):   Ano ang "noon" sa Tagalog?
S4:   Tanghali.
                Etc.

Grammar Notes

> Earlier you learned that *sa* introduces a
> location: *sa Maynila* 'in Manila', *sa kusina*
> 'in the kitchen'. In this lesson an exceptional
> use of *sa* is introduced. It is translated as
> 'in' in English.
>
> | | |
> |---|---|
> | *Ano sa Tagalog ... ?* | What in Tagalog ... ? |
> | *Ano sa Ilocano ... ?* | What in Ilokano ... ? |
> | *Ano sa Ingles ...?* | What in English ... ? |
>
> *Sa* in these examples is more of a definite
> marker like 'the' in English rather than a
> preposition. This *sa* does not occur as
> frequently in the language as the locative
> marker *sa*.

2.   Identifying objects: *Ano ito?*   'What's this'?

Vocabulary

bulaklák	flower
bundók	mountain
damó	grass
lángit	sky
daán	street
itó	this
iyán	that
iyón	that, yonder

Practice

Question   Response

Ano $\begin{cases} ito? \\ iyan? \\ iyon? \end{cases}$ *Libro* $\begin{cases} ito. \\ iyan. \\ iyon. \end{cases}$

Label objects in the classroom for meaningful
practice.

24

Activities

1. Identify the objects, cut-outs, or pictures that your teacher gives you. Then he/she will ask you, *"Ano iyan?"*

Cue (pictures)	Response
school	Eskuwelahan ito.
house	Bahay ito.
table	Mesa ito.
chair	Silya ito.
bathroom	Banyo ito.
store	Tindahan ito.
beach	Tabing-dagat ito.

2. Point to something in the distance and ask your teacher what it is by saying *"Ano po iyon?"* The class repeats the teacher's response.

Cue	Response
tree	Puno iyon.
car	Kotse iyon.
street	Daan iyon.
house	Bahay iyon.
bus	Bus iyon.
airplane	Eroplano iyon.

3. Using your possessions or objects inside and outside your classroom, ask *ano* questions with *ito, iyan,* or *iyon,* according to their relative distance from you and/or your listener. Your classmate responds by identifying the object and using the appropriate demonstrative.

   Example:

S1:	Ano ito?	(holding a pencil)
S2:	Lapis iyan. Ano iyan?	(pointing to S3's book)
S3:	Libro ito. Ano iyon?	(pointing to a tree outside)
S4:	Puno iyon. Ano iyan?	(pointing to the table in the corner of the room)
S5:	Mesa iyan. Etc.	

4. Guessing game: Take an object from the collection of objects (or pictures of objects) on your teacher's table. Hide it behind you and then ask your classmates to guess what it is. The student who gives the right answer then gets the chance to do the same. If after three guesses the answer is still wrong, show the object to the class to obtain the correct response.

Example:

S1:	*Ano ito?*	What is this?
S2:	*Kotse iyan.*	That is a car.
S1:	*Hindi.*	No. (It's not.)
S3:	*Lapis ba iyan?*	Is that a pencil?
S1:	*Hindi rin.*	No, it's not that either.
S4:	*Alam ko na.* *Bus iyan.*	Now, I know it. That's a bus.
S1:	*Tama. Ikaw naman.*	Right. It's your turn.

Grammar Notes

Ito, iyan, and *iyon* are demonstrative pronouns. Demonstrative pronouns indicate the relative distances of the objects from the speaker and the listener. There are several classes of demonstrative pronouns. The three introduced here are called *Ang* demonstratives because they are used as the topic/subject of the sentence.

Ito 'this' indicates that the object referred to is nearer the speaker than the listener, or near both. *Iyan* 'that' indicates that the object spoken about is either near the listener and far from the speaker or a short distance away from both. *Iyon* 'that', 'yonder' indicates that the object is far from both or farther away than is indicated by *iyan*.

3. Yes-No questions: *Lapis ba ito?*

Vocabulary

báhay	house
kótse	car
bólpen	ballpoint pen

26

bus	bus
eropláno	airplane
daán	road
eskuwelahán	school
lápis	pencil
opisína	office
papél	paper
púno'	tree
tabíng-dágat	beach, seashore

Practice

Question	Response
Opisina ba ito?	1. *Oo, (opisina iyan.)*
	2. *Hindi. Bahay iyan.*

Activities

Now identify the objects, cut-outs, or pictures that your teacher points to while asking questions.

Cue	Question	Response
office	Opisina ba ito?	Opo, opisina iyan.
beach	Tabing-dagat ba ito?	Opo, tabing-dagat iyan.
cafeteria	Eskuwelahan ba ito?	Hindi (po). Kapeterya po iyan.
paper	Papel ba ito?	Opo, papel iyan.
blackboard	Pisara ba ito?	Opo, pisara iyan.
book	Lapis ba ito?	Hindi po. Libro iyan.
ballpoint pen	Bolpen ba ito?	Opo, bolpen iyan.

CUMULATIVE ACTIVITY

Combine the dialogs learned in previous and present lessons. The following model may be used:

WAYNE: Hoy, Ben, kumusta?

BEN: Aba, Wayne. Heto, mabuti.

WAYNE: Ano ang pangalan niya?

LEILANI: Leilani ang pangalan ko. Kumusta?

WAYNE: Mabuti naman. Saan ba ang lakad natin?

BEN: Sa "gym." May laro ang "men's volleyball
           team" ngayon. Ano ba 'yang dala mo?

WAYNE: Mga libro ito. Isasauli ko sa laybrari.

BEN: Nasaan si Perla? Hindi mo ba siya kasama
           ngayon?

WAYNE: Nasa Maui. Doon siya nag-'weekend."
           (Etc.)

End the dialog with leave-taking expressions.

GRAMMAR NOTES

Ba marks the sentence as a yes-no question.

Example:

Lapis ito.   'This is a pencil.'

Lapis ba ito?   'Is this a pencil?'

It usually occupies the second position in a
sentence unless one syllable words occur in the
sentence. When that happens, *ba* takes the third
position. In response to *ba* questions, short
affirmative and negative answers are *oo* 'yes'
and *hindi* 'no'. In formal/polite responses,
po is affixed to *oo* with the second o dropped.
Or it follows *hindi*.

Example:

Opisina *po ba* ito?

Affirmative: *Opo.*   'yes, sir/ma'am'

Negative: *Hindi po.* 'no sir/ma'am'

In long responses, the whole statement follows
the yes-no response.

Example:

Lapis *ba* ito?

Affirmative: Oo/Opo. (Lapis iyan.)

Negative: Hindi, (hindi lapis iyan.)

Note the repetition of *hindi*.

                    Hindi. (Bolpen iyan.)

Note that the correct statement is given in the
second *hindi* sentence.

GRAMMAR EXERCISES

1. Identify the grammatically incorrect sentences and correct them.

   a. Nag-aral si Bob ba?

   b. Bahay ba iyon?

   c. Libro ito. (The book is closer to the listener than to the speaker.)

   d. Ano sa Tagalog ang "ocean"?

   e. Bolpen ba iyan?

   f. Oo, hindi lapis iyan.

   g. Ano sa Ingles ang Lunes?

   h. Oo, dumating nga po si Marsha.

   i. Hindi po, hindi po totoo.

   j. Hindi, hindi nag-aaral si Bob.

2. Include the question marker *ba* in the following statements to form a question.

   a. Maganda ang kapatid mo.

   b. Kaibigan po ninyo ang nanay ko.

   c. Dumating na si Luis.

   d. Totoo ang sinasabi niya.

   e. Libro mo ito.

   f. Hindi kayo sasama sa piknik.

   g. Sinusulat ko ang petsa.

   h. Maglalaba ka.

   i. Pupunta na naman tayo sa opisina ni Ellen.

   j. Tatawagan mo ako o hindi.

VOCABULARY EXERCISES

1. Match the Tagalog with the English words

a.	palá	___	1.	all right, go ahead
b.	lang	___	2.	softener particle
c.	nga	___	3.	just arrived
d.	síge	___	4.	to ask
e.	ngití'	___	5.	surprise particle
f.	salámat	___	6.	beauty
g.	gandá	___	7.	only
h.	kadaratíng	___	8.	how
i.	magtanóng	___	9.	thank you
j.	paáno	___	10.	smile

2. Game: The class is divided into equal groups.
A good grouping for this activity is four
students to a group, with three to five groups.
Members of a group sit in one row.

Your teacher serves as the moderator, calling
out Tagalog or English words. The students give
their equivalents in the other language. Students
sitting in the first row start the game. The
first to give the correct answer scores one point
for his/her group.

At the end of a round, the seating arrangement
within a group, or even the group membership,
may be reorganized to make the game more in-
teresting. The vocabulary items should be
limited to those listed in this chapter and
previous chapters.

PRONUNCIATION DRILLS

Sound Drill: /i/, /a/

Vowel sounds

	Initial	Medial	Final
/i/		lápis	si
	iyán	libró	mabúti
	iyón	opisína	binibíni
/a/	aklát	daán	pisára
	alám	báhay	mésa

Glottal Stop /'/

	Initial	Medial	Final
	'itó	gino'ó	wíka'
	'iyán	sa'án	táma'
	'iyón	da'án	tangháli'
			po'
			púno'

Sentence Drill

Ano ito?
Ano iyan?
Ano iyon?
Saan ka pupunta?
Nasaan ang libro?

SELF-ASSESSMENT LIST

By the end of this lesson you should be able to:

1. Ask *Ano sa Tagalog* ... questions.

2. Identify objects inside and outside the class-
    room by responding to *Ano ito/iyan/iyon*
    questions.

3. Use the *ang* demonstratives, *ito/iyan/iyon*, in
    statements and questions.

4. Ask *ba* questions.

Review items you have not learned.

Lesson 4

IDENTIFYING PERSONS AND OCCUPATIONS

DIALOG: SINO IYAN?

Makinig at Intindihin (Listen and Understand):

MARSHA:
> *Sino iyan?*

Who is it?

MAX:
> *Si Max ito.*

It's Max.

MARSHA:
> *Max? Sinong Max?*

Max? Max who?

MAX:
> *Si Max na anak ni Dr. Garcia.*

Max, Dr. Garcia's son.

MARSHA:
> *Sinong Dr. Garcia?*

Which Dr. Garcia?

MAX:
> *Yong dentista...*

The dentist ...

MARSHA:
> *Teka...*

Wait ...

MAX:
> *Magkaklase tayo sa "grade school." Tiburcio ang tawag mo sa akin.*

We were classmates in grade school. You used to call me Tiburcio.

MARSHA:
> *(Opens the door) Max! Ikaw pala! Pasensya ka na. Natatakot ako dahil sa nag-iisa ako at may Boston Strangler na naman daw.*

Max! It's you! Please excuse me. I was afraid because I'm alone and they say there's a Boston strangler again!

MAX
> *Kasalanan ko. Dapat tumawag muna ako. Kumusta?*

My fault. I should have called first. How are you?

32

Understanding the Dialog

1. Answer with *Oo* (yes) or *Hindi* (no).

   a. Max is calling on the phone.
   b. Max's last name is Garcia.
   c. Max's father is a surgeon.
   d. Max and Marsha were classmates in grade
      school.
   e. Marsha used to call Max "Maxwell Smart."
   f. Marsha is babysitting her little brother.

2. Answer the following questions:

   a. Why is Marsha afraid to open the door?
   b. Why did Max apologize?

Learning the Dialog

Pairs of students role-play the dialog. The
rest of the class helps them out whenever they
make an error or are at a loss for the proper
word. The class supplies only one word at a
time.

Neither the role-players nor the rest of the
class may read the dialog. When neither player
nor the rest of the class can think of the next
word, the teacher helps.

Count the number of times an error is made or
the whole class is unable to continue. As more
pairs perform, this number should decrease.
Stop when this number reaches zero (or at sun-
down, whichever comes first).

MINI-DIALOGS

1. Identifying persons: *Sino ang ...?* 'Who is ...'?

   Vocabulary

alkálde	mayor
konsehál	councilor (member of the municipal council)
delegádo	delegate
hépe ng pulisyá	chief of police
gobernadór	governor
bíse-gobernadór	vice- (or deputy) governor
senadór	senator

33

representánte	representative (or congressman)
bíse-presidénte	vice-president
presidénte	president

Practice

Question	Response
Sino ang presidente ng Estados Unidos?	*Si Ronald Reagan.*

Activities

Ask *sino ang* questions about other popular or famous people. Ask your teacher or refer to your dictionary for the Tagalog equivalents of their occupations or designations.

2. Identifying occupations: *Ano ang ...?* 'What is ... '?

Vocabulary

tindéra	storekeeper
sekretárya	secretary
dentísta	dentist
inhinyéro	engineer
tsupér	driver
abogádo	lawyer
gúro'	teacher
táong-báhay	housewife

Practice

Question	Response
Ano ang (trabaho ng) tatay mo?	1. *Abogado siya.* 2. *Wala. "Retired" na siya.*

Activities

1. Interview the person next to you on the occupation of the members of his family.

    Example:

    S1: Ano ang trabaho ng nanay mo?
    S2: Wala. Taong-bahay siya.
    Or: Nars siya.

34

After the interview, report to class about the different occupations of your seatmate's family. Vocabulary words that may be used are: *tindera/o, sekretarya, pulis, doktor/a, titser, dentista, karpentero, prinsipal, kartero, tsuper*, etc.

2. Conduct a chain drill asking *sino* and *ano* questions about people or comic characters both you and your classmates know.

   Example:

   S1 (to S2): Sino si Liza Minelli?

   S2:   Artista at manganganta siya.

   S2 (to S3): Ano ang trabaho ni ...?
                at iba pa

3. Identify the pictures of popular characters that your teacher shows you, for example, comic characters, political candidates, stage or movie personalities, figures in literature, music, and art, etc.

4. Refer to the latest edition of the *Guinness Book of World Records*. Find out who or what holds the record using the attributes *pinakamaliit* 'smallest', *pinakamalaki* 'biggest', *pinakamaikli* 'shortest', *pinakamahaba* 'longest', *pinakabata* 'youngest', *pinakamatanda* 'oldest', *pinakamabigat* 'heaviest', *pinakamagaan* 'lightest'.

   Formulate *sino* or *ano* questions based on these records and get ready to participate in a class trivia contest.

   Examples:

   Ano ang pinakamaliit na isda sa buong mundo?

   Sino ang pinakabatang presidente ng Estados Unidos?

DIALOG VARIATION

Change the dialog to reflect the following situations:

1. Lionel is visiting Marsha. Lionel is Anna's brother. He and Marsha were classmates in high school. Marsha used to call Lionel (give a nickname). She was afraid to open the door because (reason).

35

2. Tom is visiting Marsha. Tom is a friend of
    Marsha's brother Bill. Marsha and Tom used to
    be neighbors. Marsha used to call Bill (nick-
    name). Marsha was afraid to open the door
    because (reason).

3. Mike is visiting Marsha. Etc.

GRAMMAR NOTES

Types of sentences

There are two types of sentences in Tagalog. One
type is called the identificational sentence. It
consists of the topic (subject) before the comment
(predicate).

Example:

Topic	Comment
Si G. Ariyoshi	*ang gobernador.*
'Mr. Ariyoshi	is the governor'.

Both the topic and the comment are marked by the
definite particle *ang* before the common nouns or
si/sina before personal proper names. The other
type, called the predicational sentence, con-
sisting of the comment (predicate) before the
topic (subject) is the more common type.

Example:

Comment	Topic
Gobernador	*si George Ariyoshi.*
'George Ariyoshi is the governor'.	

The three basic predicative sentence patterns in
Tagalog are the following:

1. Statement Pattern

    a. Affirmative statement

Comment	Topic
Doktor	si Fred.

    The comment can be a noun, an adjective, or
    verb. Note the absence of the copulative
    verb "to be" in the sample sentence above.
    Unlike the comment of an identificational
    sentence, this comment is unmarked by the
    definite article *ang*. The comment also
    follows the topic in an identificational
    sentence.

36

b. Negative statement

Hindi	+	Comment	+	Topic
Hindi		dentista		si Fred.

Hindi, a negative particle, is placed before the basic sentence to make it negative. When the topic is a pronoun, however, the topic precedes the comment and follows *hindi* immediately.

Hindi	+	Pronoun	+	Comment
Hindi		siya		Amerikano.
Hindi		ka		doktor.

2. Question Pattern

a. Yes-No Question

Comment	+	ba	+	Topic
Doktor		ba		si Jorge?
Pilipino		ba		siya?

Ba is a question marker that usually follows the first word of a sentence. If, however, the topic is the pronoun *ka*, then *ba* is placed after it.

Example:

Pilipino ka.
Pilipino ka ba?

b. Negative Question

Hindi ba	+	Comment	+	Topic
Hindi ba		doktor		si Fred?

As stated above, *ba* usually follows the first word of the sentence. When the topic is a pronoun, there is a shift in word order of comment-topic to topic-comment with *ba* remaining in the same position. When the pronoun is *ka*, however, *ba* follows *ka*.

Hindi *ba* Pilipino si Fred?
Hindi *ba* siya Pilipino?
Hindi *ka ba* Pilipino?

3. Response Patterns to Yes-No Questions

a. Affirmative response

Oo	+	Comment	+	Topic
Oo,		doktor		si Fred.
Oo,		Pilipino		siya.

37

Simple *oo* 'yes' can stand for the whole affirmative response.

b. Negative response

In contrast to a negative sentence, the negative response has two *hindi*'s.

Hindi, hindi siya dentista.
Hindi, hindi Amerikano si Fred.

Another type of negative response is a combination of a negative statement and an affirmative one. Note the occurrence of only one *hindi* in this type of response. The pause after *hindi* is significant in this response because what follows is the true information about the topic. This type of response is illustrated in the following.

Question: Amerikano ba si Fred?
Response: *Hindi, Pilipino siya.*

(*Hindi* comes from the negative statement *Hindi Amerikano si Fred* and *Pilipino siya* comes from the affirmative statement *Pilipino si Fred.*)

4. *Sino* is an interrogative word meaning 'who'. It is followed either by an *ang* phrase or an *ang* pronoun.

Examples:

Sino siya?
Sino ang gobernador?

Sino is answered by a *si* or an *ang* phrase in an identificational sentence. Its plural form is *sinu-sino*.

Examples:

Sino + *si*

Question: Sino si Eileen Anderson?

Answer:	Topic	Comment
	Si Eileen Anderson	ang meyor ng Honolulu.
	Siya	ang meyor ng Honolulu.

Sino + *ang*

Question: Sino ang meyor ng Honolulu?

Answer: Si Anderson (ang meyor ng Honolulu).

Usually, the answer does not repeat the information supplied by the question. Hence, in the preceding examples, the parts that can be omitted are enclosed in parentheses.

5. A question with the *sinu-sino* interrogative word is answered by the plural article *sina*, followed by a series of names, the last name being preceded by the conjunction *at* 'and'.

Example:

Question: Sinu-sino ang mga guro sa Tagalog?

Answer: Sina Berto, Rosita, at Donato (ang mga guro sa Tagalog).

6. The plural forms of the *ang* pronouns introduced in this lesson are the following:

Ang pronoun	Person	Gloss
kami	1st (excl.)	we (I and others)
tayo	1st (incl.)	we (you, I, and others)
kayo	2nd	you (plural)
sila	3rd	they

Note the English translation 'we' for both the first person exclusive *kami* and the first person inclusive *tayo*. *Kami* refers to the speaker and others, excluding the person spoken to. *Tayo* refers to everybody—the person spoken to, the speaker, and others.

GRAMMAR EXERCISES

1. Write five simple affirmative sentences in Tagalog. Then transform those sentences into:

   a. Negative statements
   b. Questions
   c. Negative questions

Formulate answers to the:

a. Questions in (b) above.
b. Negative questions in (c) above.

2. Professions: Answer negatively the questions
    below, and then give the correct profession of
    the person. Follow the example below:

    Example:

    Q: *Manganganta* ba si *Jane Fonda*?
    A: Hindi, hindi siya manganganta.

    Q: Ano siya?
    A: Artista siya.

    Q: E, sino ang manganganta?
    A: Si Liza Minelli ang manganganta.

    1. Taong-bahay ... Prince Charles?
    2. Dentista mo ... Bb. Ramos?
    3. Estudyante ... tatay mo?
    4. Guro ... Reagan?
    5. Mananayaw ... Picasso?

3. Convert the following sentences into *sino* or *ano*
    questions:

    1. Si Bb. Santos ang guro niya sa Tagalog.

    _____?

    (Sagot: Si Bb. Santos)

    2. Karpentero ang tatay niya.

    _____?

    (Sagot: Karpentero)

    3. Doktor ang kapatid niya.

    _____?

    (Sagot: Doktor)

    4. Si Ronald Reagan ang presidente ng Amerika.

    _____?

    (Sagot: Si Ronald Reagan)

    5. Nars ang asawa niya.

    _____?

    (Sagot: Nars)

VOCABULARY EXERCISE

Identify the people you associate the following
words with:

1. City Hall   _____
2. hospital   _____
3. house   _____
4. cafeteria   _____
5. car   _____
6. clinic   _____
7. police station   _____
8. White House   _____
9. office   _____
10. store   _____

WRITING EXERCISES

Read and write:

1. Si _____ ang titser sa Tagalog.

   Si _____ ang titser sa Math.

   Si _____ ang _____ ko sa

   agham. At si _____ ang _____

   _____.

2. Write three sentences introducing your teacher.

   Example:

   > Ito si Bb. Santos. Guro siya sa Math.
   > Mahusay siya.

   _____

   _____

   _____

PRONUNCIATION DRILL

Sound Drill: /'/

Recognition exercise. Listen to the teacher and
identify the words pronounced with a glottal stop.

báta	'robe'	*báta'*	'child', 'young'
bága	'ember'	*bága'*	'lung'

Word Drill

tindéra	pulís	abogádo
sekretárya	títser	artísta
doktór	prinsipál	karpentéro
dentísta	tsupér	mekániko
inhinyéro	estudyánte	gúro'

Phrase and Sentence Drill

Ano ka?
Ano ang trabaho ng magulang mo?
Sino ang gobernador ng Hawaii?
Ano ang trabaho mo?

SELF-ASSESSMENT LIST

By the end of this lesson you should be able to:

1. Construct affirmative/negative statements and questions.

2. Ask *sino* questions and respond with *si* answers.

3. Use more than ten words on occupations.

4. Practice the use of *ano ang trabaho niya/mo/ nila*.

Review the items you have not learned.

Lesson 5

ASKING ABOUT A NEWCOMER

DIALOG: Bagong Kakilala

Makinig at Intindihin (Listen and Understand):

JENNY:

Marsha, kilala mo pala si Ben. Taga-saan ba siya?

Marsha, so you know Ben. Where is he from?

MARSHA:

Taga-California siya.

He's from California.

JENNY:

Saan sa California?

Where in California?

MARSHA:

Sa San Diego. Doon siya nakatira dati.

From San Diego. He used to live there.

JENNY:

Marunong siyang mag-Tagalog. Saan ba siya ipinanganak?

He can speak Tagalog. Where was he born?

MARSHA:

Sa Maynila.

In Manila.

JENNY:

A, ganoon ba? E saan siya lumaki?

Is that right? Where did he grow up?

MARSHA:

Sa San Francisco.

In San Francisco.

JENNY:

Saan naman siya nakatira ngayon?

Where does he live now?

MARSHA:

Dito na sa Honolulu.

Here in Honolulu.

JENNY:

Naku! Ang dami niyang napuntahan!

Wow! He's been to a lot of places!

MARSHA:

O, sige, Jenny, nagmamadali ako.

Okay, Jenny, I'm in a hurry.

JENNY:

> *O, bakit, saan ka pupunta?* Why, where are you going?

MARSHA:

> *Sa beach. Naroon si Bill, hinihintay ako. Bay!* To the beach. Bill is there waiting for me. Bye!

Understanding the Dialog

Fill in the blanks with the correct location.

Ben was born in _____. He grew up in _____. He is now living in ___(city)___, ___(state)___. He goes to school in _____. Bill is at the _____ waiting for Marsha.

Learning the Dialog

Your teacher reads the dialog again, stopping at certain key words or phrases and waiting for you to read the words back, if you can. If not convinced that you can follow, the teacher reads the dialog once more and may ask you to close your books. (The teacher reads the dialog several times, each time leaving out progressively longer parts of the sentence, or whole sentences and asks the students to recite the omitted parts.)

Comprehension Questions

1. Taga-saan si Ben?
2. Saan ipinanganak si Ben?
3. Saan lumaki si Ben?
4. Saan pupunta si Marsha?

MINI-DIALOGS

1. Asking where someone is from:
   Taga-saan ka? 'Where are you from'?

   Vocabulary

Alemánya	Germany
Pránsya	France
Mayníla'	Manila
Rúsya	Russia
Espánya	Spain

Tsína	China
Sebú	Cebu

Practice

Question	Response
Taga-saan ka?	*Taga-Pilipinas ako.*
Taga-saan si Amy?	*Taga-Ilokos si Amy/siya.*
Taga-saan ang guro?	*Taga-Hawaii ang guro/siya.*

Activities

Ask where somebody is from. Use a name from the following groups of persons:

1. Names of classmates or peers and staff.

    Examples:
    Taga-saan si Jaime?
    Taga-saan si Gng. Andaya?

2. Names of leading international figures

    Examples:
    Taga-saan si Prince Charles?
    Taga-saan si Prime Minister Trudeau?

3. Names of other popular figures in sports, art, music, literature, etc.

Grammar Notes

> *Taga-saan* means 'from where' or 'from what place'. The response to this question contains *taga-* plus a place word meaning 'from _____ . . . _____'.

2. Specifying the location:
    Saan sa Pilipinas?
    'Where in the Philippines'?

Practice

Question	Response
Saan (ka) sa Pilipinas?	*Sa Baguio*
si Tom sa mainland?	*Manhattan*
ang guro sa Hawaii?	*Kauai*

Activities

Have a chain drill with students asking where new classmates are from and responding by naming

the state. Next time around, first ask the same
question, and then ask for the specific place in
the state given.

Example:

    T: Taga-saan ka?
    S1: Taga-California (po) ako.
    T: Saan sa California?
    S1: Sa San Francisco (po). (to S2) Taga-
         saan ka?
    S2: Taga-Arizona ako.
    S1: Saan sa Arizona?
    S2: Sa Phoenix.

Grammar Notes

> *Saan sa* 'where in/at' is always followed
> by a place name. The response is usually
> a *sa* phrase or what is known as a locative
> phrase indicating place or location.
>
> A pronoun or a noun phrase can occur as a
> topic (subject) between *saan* and *sa.*
>
> Examples:
>
> | *Saan* <u>*ka*</u> *sa Pilipinas?* | Where in the Philippines are you from? |
> |---|---|
> | *Saan* <u>*si*</u> *Delly sa Michigan?* | Where in Michigan is Dely from? |

3. Asking where someone lives or resides:
    Saan ka nakatira?
    'Where do you live'?

Practice

Question	Response
Saan ka nakatira?	*(Nakatira ako) sa Kalihi.*
Saan nakatira si Melba?	*(Nakatira si Melba) sa L.A.*
Saan nakatira ang propesor?	*(Nakatira ang propesor) sa Ann Arbor.*

Activities

Conduct a chain drill asking and answering where your classmates were born.

Example:

Teacher:	Saan ka ipinanganak?
S1:	Ipinanganak ako sa Alexandria, Virginia.
(to S2):	Saan ka ipinanganak?
S2:	Ipinanganak ako sa Brooklyn, New York.
(to S3):	Saan ka ipinanganak?

Grammar Notes

1. *May* (an existential particle meaning 'have') + Noun occurs as a predicate in existential constructions.

   It is treated in fuller detail in Lesson 24.

   Examples:

   May kotse ka ba?   Do you have a car?

   May kapatid ka ba?   Do you have brothers/sisters?

   Note that *may* is not separated from its noun by *ka.*

2. *Wala* means 'none', 'nothing', or 'non-existence of'. It is the negative of *may*.

CUMULATIVE ACTIVITIES

1. Answer the following questions

Question	Sample responses
a. Ano ang pangalan mo?	Susan Martin ang pangalan ko.
b. Ano ka?	Estudyante ako.
c. Ano ang trabaho mo?	Wala akong trabaho.
d. Taga-saan ka?	Taga-Haway ako.
e. Saan sa Haway?	Sa Oahu.
f. Saan ka nakatira ngayon?	(Nakatira ako) sa Mililani.

g. Saan ka nag-aaral?

(Nag-aaral ako) sa Unibersidad ng Hawaii.

h. Sino ang guro mo sa Ingles?

Si Gng. Clark (ang guro ko sa Ingles).

i. Sino ang guro mo sa Tagalog?

Si Gng. Santos (ang guro ko sa Tagalog).

j. Sino ang mga magulang mo?

Sina George at Jane Martin (ang mga magulang ko).

k. May mga kapatid ka ba?

Oo, apat ang kapatid ko.

2. Using the questions above, interview a classmate and then introduce him to the class.

   Example:

   Bob Smith ang pangalan niya./ Siya si Bob Smith. Estudyante siya. Etc.

3. Pair off with a classmate to assume the roles of:

   a. a news reporter asking relevant questions found under "Cumulative Activities" and other parts of the lesson.

   b. a celebrity answering the questions and staying as close to the truth as possible.

   As the celebrity answers, the reporter takes notes, using only key words. Later, as time allows, he/she reports the interview results to the class. You and your partner may exchange roles. Other possible interviewees are: the President, a fashion model, a comedian, an opera singer, your Tagalog teacher.

WRITING EXERCISES

1. Fill in the blanks with the appropriate words.

   Ako si David Bryant. Estudyante ako sa
   Unibersidad ng Hawaii. _____ Bb. Ramos,
   G. Cena, at Gng. Goulet ang mga guro ko sa
   Tagalog. Ipinanganak ako sa Grand Rapids,
   Michigan. Abogado _____ tatay ko at taong-
   bahay ang _____ ko. Tatlo ang kapatid
   _____. Nakatira _____ ngayon sa
   dormitoryo. Babalik ako sa Michigan sa 1985.

48

2. Fill in the blanks and write a similar intro-
duction of yourself.

Ako si _____ . _____ ako sa _____
High School. Si _____ ang guro ko sa
Tagalog. Ipinanganak ako sa _____ . Sina
_____ at _____ ang mga magulang ko.
_____ ang tatay ko at _____ ang nanay
ko. _____ ang kapatid ko. Nakatira ako
sa _____ .

(You may add more information about yourself if
you want to.)

3. Write a letter home about a new friend. Start
your letter with: May bago akong kaibigan.
(Toshi) ang pangalan niya.

PRONUNCIATION DRILLS

Word drill

táong-báhay   superintendénte
mangangalákal   nag-aáral
ipinanganák   Mayníla'
magúlang   estudyánte

Sentence drill

Tagá-saán ka?   Saán ka nakatirá?
Tagá-Pilipínas ka ba?   Saán ka ipinanganák?
Saán sa Pilipínas?   Saán ka nag-aáral?
May kapatíd ka ba?
(*May* is pronounced either /may/, /mey/, or /me/.)

SELF-ASSESSMENT LIST

By the end of this lesson you should be able to:

1. Ask and respond to the following biographical
questions:

Taga-saan ka?   Saan ka nakatira?
Saan ka ipinanganak?   May asawa ka ba?

2. Conduct an interview or respond to one.

3. Talk about someone interviewed.

Review the items you have not learned.

Lesson 6

DESCRIBING WITH COLORS, NUMBERS, AND SHAPES

DIALOG: HULAAN MO

Makinig at Intindihin (Listen and Understand):

BEN:

Bob, may nasa isip ako. Hulaan mo.
Bob, I am thinking of something. Guess what it is.

BOB:

Tao ba?
Is it a person?

BEN:

Hindi.
No.

BOB:

Hayop ba?
An animal?

BEN:

Hindi.
No.

BOB:

Metál ba?
Metal?

BEN:

Oo, pero meron ding hindi metal.
Yes, but there are some that are not metal.

BOB:

Puti ba ang kulay nito?
Is it white?

BEN:

Oo, pero meron ding hindi puti.
Yes, but some aren't white.

BOB:

Bilog ba ang hugis nito?
Is it round?

BEN:

Oo, pero meron ding hindi bilog.
Yes, but some aren't round.

BOB:

Hmmm. Mahirap yata iyan.
Hmmm. That is difficult.

BEN:

Ugat daw ito ng　　　　It is said to be the
lahat ng kasamaan.　　root of all evil.

BOB:

A, alam ko na.　　　　Ah, I know.　Money!
Pera!

BEN:

Magaling!　E, Bob,　　Good!　Uh, Bob, I forgot
nalimutan ko pala　　my money.　Do you have
ang pera ko.　May　　some?
pera ka ba diyan?

Understanding the Dialog

Sagutin ang sumusunod　(Answer the following):

1. Tao ba ang pera?
2. Hayop ba ang pera?
3. Metal ba ang pera?
4. Papel ba ang pera?
5. Ano ang kulay ng perang metal?　Ano pa?
6. Ano ang kulay ng perang papel?　Ano pa?
7. Ano ang hugis ng perang metal?
8. Ano ang hugis ng perang papel?
9. Ano ang nalimutan ni Ben?
10. Ano ang gusto ni Ben?

MINI-DIALOGS

1. Identifying primary colors:
Anong kulay ito?
'What color is this one'?

Vocabulary

asúl	blue	*bérde*	green
pulá	red	*putí'*	white
diláw	yellow	*itím*	black

Practice

Question	Response
Anong kulay ito? (Pointing at a red object)	*Pula (iyan).*
Ano ang kulay nito/ nitong gumamela?	*Pula (ang kulay niyan/niyang gumamela).*

Activities

1. Identify the colors on the color chart.

    Example:

    > Berde ito.   (pointing at the green color)

2. Using pictures or objects, associate the color terms with the objects. As the teacher shows a picture/object, she asks the question; then you give the response.

Sample Question	Response
Ano ang kulay ng gumamela?	Pula (ang kulay ng gumamela).
Ano ang kulay ng lapis?	Dilaw (ang kulay ng lapis).
Ano ang kulay ng pisara?	Itim (ang kulay ng pisara).
Ano ang kulay ng libro?	Asul (ang kulay ng libro).
Ano ang kulay ng bolpen?	Itim (ang kulay ng bolpen).
Ano ang kulay ng pusa?	Puti (ang kulay ng pusa.
Ano ang kulay ng damit?	Rosas (ang kulay ng damit).
Ano ang kulay ng pantalon?	Tsokolate (ang kulay ng pantalon).

    Etc.

    Then ask your classmates similar questions.

Cultural Notes

The set of color terms differs from language to language. Some languages do not have color terms for some of the primary colors in the color spectrum. Tagalog is one such language. It has terms for the colors:

yellow	*diláw*
red	*pulá*
blue	*bugháw*
green	*luntían*
brown	*kayumanggí'*

Black is *itim*, and white is *puti*. Other colors are described by being associated with objects possessing the color. For example, brown is *kulay-kahoy* 'the color of wood', gray is *kulay-abo* 'the color of ash', gold is *kulay-ginto* 'the color of gold'. This way of naming

colors can be extended indefinitely, thus:
kulay-lupa 'the color of earth', *kulay-patay*
'the color of (something) dead', *kulay-umaga*
'the color of morning', *kulay-masaya* 'the color
of happiness', etc.

Some Spanish and English color terms have re-
placed native terms:

blue	*asúl*	(Sp.)
green	*bérde*	(Sp.)
orange	*órens*	(Eng.)
brown	*braún*	(Eng.), *tsokoláte* (Sp.)
pink	*rósas*	(Sp.)
violet	*líla*	(Sp.)

Grammar Notes

The *Ng* demonstratives introduced in this
part of the lesson are as follows:

Ng demonstratives	Gloss
nito	this (near speaker and far from hearer or near to both)
niyan	that (far from speaker but close to hearer, or far from both)
niyon/noon	that, over there; that yonder (far away from both)

This set of *Ng* demonstratives fills the same
positions as the *Ng* phrases and pronouns.
The position right after the construction
ang + Noun has the function of possessor or
attribute. The question *Ano ang kulay nito?*
can be glossed 'What's the color <u>of this</u>'?
or 'What's its color'? and the response
Pula ang kulay niyan as 'The color of <u>that</u>
(one) is red' or '<u>Its</u> color is red'.

2. Asking *ba* questions to identify colors:
Asul ba ang kulay nito?
'Is the color of this one blue'?

Vocabulary

órens (narangha)	orange
rósas	pink
líla	violet

53

tsokoláte	brown
abó	gray

Practice

Question	Response
Asul ba ang kulay nitong bulaklak?	1. *Oo, asul ang kulay niyang bulaklak.*
	2. *Hindi. Pula ang kulay niyan.*

Activities

Conduct a chain drill asking and answering whether objects in the room are certain colors.

Example:

S1:	Dilaw ba ang kulay nitong libro? (Pointing)
S2:	Hindi. Berde ang kulay niyan.
Or:	Oo, dilaw ang kulay niyan.
(to S3):	Puti ba ang kulay nito?
Etc.	

3. Identifying shapes:
   Ano ang hugis nito?
   'What's the shape of this one'?

   Vocabulary

bilóg	round
habá'	elongated, oblong
kudrádo (kuwadrádo)	square
rektánggulo	rectangular
triyánggulo (trayánggulo)	triangular

   Practice

Question	Response
Ano ang hugis nito(ng) mesa?	*Kudrado (ang hugis niyan[g] mesa).*

   Activities

   1. Identify the shapes of objects in the room and in the pictures.

2. Ask each other questions similar to the ones given below:

    1. Ano ang hugis ng <u>bola</u>? (Response: Bilog ang bola.)
       mesa?
       kahon?
       bundok?
       buwan? ('moon')
       etc.

Write your responses on the blackboard.

3. Give two sentences describing the color and shape of objects in the classroom.

Example:

    Dilaw ang kulay ng lapis.
    Haba ang hugis nito.

4. Combine the sentences above into a single sentence describing shape and color.

Examples:

    Dilaw ang kulay at haba ang hugis ng lapis.

    Dilaw at haba ang lapis.

4. Counting: *Ilan ang lapis?*
        'How many pencils are there'?

Vocabulary

ánim	six	*lápis*	pencil
ápat	four	*limá*	five
babáe	female	*ílaw*	light
bintána'	window	*mésa*	table
bólpen	ballpen	*papél*	paper
dalawá	two	*pintó'*	door
ilán	how many	*pisára*	blackboard
isá	one	*pitó*	seven
laláke	male	*retráto*	picture
sampú'	ten	*tatló*	three
sílya	chair	*tsók*	chalk
siyám	nine	*waló*	eight

táo	human being, person, people	
táyo	"we"	(including person spoken to)
kamí	"we"	(excluding person spoken to)
kayó	"you"	(plural)
silá	"they"	

Practice

Question   Response

Ilan ang lapis mo?   *Tatlo ang lapis ko.*

Activities

1. Answer the following questions truthfully. For answers using numbers beyond ten, use *marami* 'many'.

   a. Ilan ang libro mo? (Dalawa ang libro *ko*.)
   b. Ilan ang kaibigan mo?
   c. Ilan ang kapatid mo?
   d. Ilan ang kapatid mong babae?
   e. Ilan ang kapatid niyang babae? (Referring to d)
   f. Ilan ang babae at ilan ang lalake?
   g. Ilan tayo? (Include person spoken to)
   h. Ilan kami? (Exclude person spoken to)
   i. Ilan kayo?
   j. Ilan sila?

2. Ask your classmates *ilan* questions about the following:

	Question	Response
silya	Ilan ang silya sa silid?	Isa (ang silya sa silid).
mesa	_____	_____
pinto	_____	_____
bintana	_____	_____
estudyante	_____	_____
lalake	_____	_____

babae	_____	_____
"desk"	_____	_____
libro	_____	_____
retrato	_____	_____
"blackboard"	_____	_____

Grammar Notes

> *Ilan* 'how many' occurs before count nouns (things that can be counted).
>
> | Interrogative Word | + | *ang* | + | Count Noun |
> |---|---|---|---|---|
> | *Ilan* | | ang | | babae? |
> | | | ang | | Amerikano? |
> | | | ang | | guro? |

5. Counting shapes and colors:
   Ilang bagay ang berde?
   'How many objects/things are green'?

   ### Vocabulary

bágay	thing(s)	*lang*	only

   ### Practice

Question	Response
Ilang bagay ang berde?	*Sampu(ng) bagay ang berde.*
Ilan ang berde?	*Sampu (ang berde).*

   ### Activities

   Ask each other questions about how many objects or things in the classroom are of a specific color or shape.

   Examples:

   Ilang bagay ang asul? Tatlo ang asul.
   Ilan ang asul?

   Ilang bagay ang bilog? Isa (lang) ang bilog.
   Ilan ang bilog?

   Ask your teacher for the Tagalog number if more than ten.

Grammar Notes

> Linkers do not occur after *ilan* before *ang*
> phrases. *Ilan* followed immediately by
> a noun occurs with the linker *-ng*.
>
> Example:
>
> *Ilang* bagay ang berde?

6. Asking someone's age:
   Ilang taon ka na?
   'How old are you'?

Vocabulary

1. Numerals with *pú'* 'ten':

10	sampú'
20	dalawampú'
30	tatlumpú'
40	apatnapú'
50	limampú'
60	animnapú'
70	pitumpú'
80	walumpú'
90	siyamnapú'

2. Numerals with *daán* 'hundred':

100	isáng daán
200	dalawáng daán
300	tatlóng daán
400	ápat na raán
500	limáng daán
600	ánim na raán
700	pitóng daán
800	walóng daán
900	siyám na raán

3. Numerals with *líbo* 'thousand', *milyón*
   'million', and *bilyón* 'billion':

1,000	isáng líbo
100,000	isáng yúta/isáng daáng líbo

58

1,000,000	isáng milyón/isáng ángaw
1,000,000,000	isáng bilyón/isáng líbong ángaw

4. Numerals with *lábi-* 'over (ten)'.

11	labíng-isá
12	labíndalawá
13	labíntatló
14	labíng-ápat
15	labínlimá
16	labíng-ánim
17	labimpito
18	labingwalo
19	labínsiyám

5. Numerals connected by *at/'t* 'and':

21	dalawampú't isá
32	tatlumpú't dalawá
43	apatnapú't tatló
54	limampú't ápat
65	animnapú't limá
76	pitumpú't ánim
87	walumpú't pitó
98	siyamnapú't waló

Practice

Question	Response
Ilang taon ka na?	*Labinsiyam na taon na ako.*

Activities

1. Conduct a chain drill asking each other's ages.
   Example:
   S1 (to S2): Ilang taon ka na?

2. Have a contest to see who can remember the ages of the most students.

Example:

> Labinsiyam si Ben, dalawampu't
> tatlong taon si Alan, etc.

3. Concentration Game: Your teacher places
   a box of small objects on the table. Look
   at it briefly and then write down the objects
   you can recall using numerals.

   Example:

   > May tatlong "clip" sa kahon.
   > May isang dilaw na lapis sa kahon.
   > Etc.

   The winner is the student who writes down the
   most sentences having correct information.

Grammar Notes

Tagalog numerals and their formation

1. *Pú'* when suffixed to numerals *isa* to
   siyam '1 to 9' means a 'group(s) of
   tens'. For instance, *tatlumpu* means
   'three tens', or 'thirty'.

2. *Daán* means 'a unit of one hundred'.
   Líbo means 'a unit of one thousand'.
   Its variant form is *raan*, which occurs
   after a vowel.

3. *Milyón* means 'a unit of one million'
   and *bilyón* 'a unit of one billion'.

4. The linker *na/-ng* connects the cardinal
   numerals in higher denomination numbers,
   i.e., ten and above. Remember that *na*
   occurs after consonants and *-ng* after
   vowels. In number constructions the
   -ng also assimilates to the consonant
   sound that follows. Thus, it becomes
   (1) n before d, t, s, or l, and (2) m
   before p.

5. *Lábi* is derived from *labis* which means
   'in excess of', 'more', or 'over'; the
   word *labing-isa* comes from *labis ng isa*
   which means 'in excess of one'. *Labi*
   is prefixed to the cardinal numerals
   from *isa* to *siyam* and denotes the
   numerals 11 to 19, respectively.

---

6. The conjunction *at* 'and' is used to connect two numeral units to form a higher denomination number. When preceded by a vowel, *at* is contracted to '*t*.

Examples:

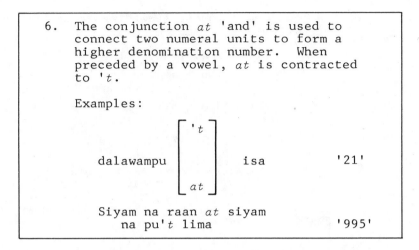

dalawampu $\begin{bmatrix} 't \\ at \end{bmatrix}$ isa   '21'

Siyam na raan *at* siyam
    na pu'*t* lima   '995'

DIALOG VARIATION

Think of an object that can readily be identified by its color and shape. Your classmates will try to guess what the object may be. Use the dialog "Hulaan Mo" as a model, changing Ben's opening statements. If your classmates cannot guess the object, give a clue.

CUMULATIVE ACTIVITIES

1. *Palabugtungan* (Riddle-solving): Make your own riddles using shapes, colors, and numbers. Have your classmates guess the name of the object you describe.

    Example:

    S1: Hindi tao, hindi hayop, maraming mata, hindi makakita. Ano ang sagot?

    S2: Dilaw at berde ba ang kulay nito?

    S1: Oo.

    S2: Prutas ba ito?

    S1: Oo.

    S2: Alam ko na!

    S1: Ano?

    S2: Pinya!

    S1: Tama.

2. Draw the flag of the Philippines following your teacher's instructions.

3. Draw a face and color it according to the follow-
   ing directions:

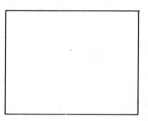

      a. Isang bilog na *mukha*.

      b. Dalawang triyanggulong
         ilong na pula.

      c. Dalawang habang *tengang*
         berde.

      d. Isang rektanggulong *matang*
         asul.

      e. Apat na kudradong *ngiping*
         kulay-tsokolate.

(Refer to the back of the book for the meaning
of the italicized words.)

4. Using your choice of colors, draw a face similar
   to the one below. Be original. Describe the
   face to a classmate and have him draw it. Com-
   pare the pictures afterwards.

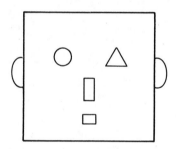

GRAMMAR EXERCISES

1. Convert the responses given in Activities, number
   2 to sentences using *ay*.

   Example:

   Bilog   **ang hugis ng bola**

   (Comment)   (Topic)

   Ang hugis ng bola   ay bilog.

   (Topic)   (Comment)

2. Convert the following statements first into
   questions, then into negative answers.

Cue	Question	Response
Kudrado ang hugis ng larúan ('playground').	Kudrado ba ang hugis ng laruan?	Hindi kudrado ang hugis ng laruan.
Berde ang damo nito.	_____	_____
Puti ang kulay ng ospital.	_____	_____
Walo ang kuwarto nito.	_____	_____
Dilaw ang eskuwelahan natin.	_____	_____
Marami ang kuwarto nito.	_____	_____
Bilog ang hugis ng laruán (toy).	_____	_____
Pula at puti ang kulay nito	_____	_____
Maganda ang hikaw ni Fe.	_____	_____
Triyanggulo ang hugis niyon.	_____	_____

READING EXERCISE

Basahin (Read):

Sanaysay: Mga Alagang Pusa	Essay: Pet Cats
Maraming pusa sina Rick at Emily. Itim ang dalawang pusa, puti ang dalawa, at puti at dilaw ang isa. Gusto ng mga pusang matulog sa kama nina Rick at Emily. Bumili ng bagong kama sina Rick at Emily. Inilagay nila ang bagong kama sa ibang silid. Gusto nilang doon matulog	Rick and Emily have a lot of cats. Two cats are black, two are white, and one is white and yellow. The cats like to sleep in Rick and Emily's bed. They bought a new bed. They placed the new bed in another room. They wanted the cats to sleep there. But all the cats slept in the old bed.

ang mga pusa. Pero,
natulog din lahat ang mga
pusa sa dating kama.

Ask your classmates the following questions. If
you think an answer is wrong, correct it using the
negative *hindi*.

Ilan ang pusa nina Rick at Emily?	How many cats do Rick and Emily have?
Anu-ano ang mga kulay nito?	What colors are they?
Ilan ang itim?	How many are black?
Ilan ang puti?	How many are white?
Ilan ang dilaw at puti?	How many are yellow and white?
Saan gusto ng mga pusang matulog?	Where do the cats like to sleep?
Ano ang ginawa nina Rick at Emily?	What did Rick and Emily do?
Ano ang ginawa ng mga pusa?	What did the cats do?
May pusa ka ba? Ilan?	Do you have any cats? How many?
Anong kulay ang pusa mo?	What color is your cat?
Kung wala, ano ang alaga mong hayop?	If none, what kind of pet do you have?
Ano'ng kulay nito?	What is its color?

PRONUNCIATION DRILLS

Word Drill

Colors:	diláw	putí'
	itím	líla
	pulá	asúl
	bérde	

Shapes:	kudrádo
	rektánggulo
	bilóg
	triyánggulo
	habá'

64

Numbers: isá   ánim   labíng-isa
               dalawá   pitó
               tatló   waló
               ápat   siyám
               limá   sampú'

Phrase Drill

Labing-isang taon	Ang kulay niyan
Labindalawang taon	Ang hugis niyon
Labimpitong taon	Ang hugis ng bola

Sentence Drill

Ano ang kulay ng gumamela?	Ano ang hugis nito?
Anong kulay ang sampaguita?	Ilang taon ka na?
Asul ba ang kulay nito?	Ilan ang silya sa klase?

Anong hugis iyan?

Rhymes
(Vary the beat)

a.   Isa, dalawa, halika
     Tatlo, apat, lumakad
     Lima, anim, tumingin
     Pito, walo, tumakbo
     Siyam, sampu, umupo!

b.   Isa, dalawa, tatlo
     Ang tatay mong kalbo
     Umakyat sa mabolo
     Nabasag ang ulo!

Cultural Notes

Bugtong 'riddle' or *palabugtungan* 'riddle solving' used to be a favorite pastime among Filipinos both young and old. The riddle is rich in imagery drawn from daily life and the environment and is usually characterized by a progression of this imagery into metaphor.

Like most Filipino names, the color names *berde*, *asul*, *lila*, and *rosas*, as well as the terms for shapes such as *kuwadrado* and *triyanggulo* are Spanish loanwords.

SELF-ASSESSMENT LIST

By the end of this lesson you should be able to:

1. Identify different colors using *ng* demonstratives.

2. Identify different shapes using *ng* demonstratives.

3. Describe the color and shape of objects using *-ng/na*.

4. Count from one to one hundred.

5. Use *ilan* and *ba* questions.

Review the items you haven't mastered.

Lesson 7

DESCRIBING PEOPLE, OBJECTS, FOOD, AND NATURE

DIALOG: BAGONG KAKLASE

Makinig at Intindihin (Listen and Understand):

BOB:
> *Balita ko may bago kang kaklase.*

I heard you have a new classmate.

MALOU:
> *Oo. Galing sa Pilipinas.*

Yes, from the Philippines.

BOB:
> *Pilipinas? Gusto mo ba siya?*

The Philippines? Do you like this person?

MALOU:
> *Oo. Masaya siya at mahusay magdamit.*

Yes. This person is cheerful and dresses well.

BOB:
> *Talaga?*

Really?

MALOU:
> *Oo. At magaling pa siyang sumayaw.*

Yes. And the person also dances well.

BOB:
> *Baka bobo.*

Probably stupid.

MALOU:
> *Hindi. Marunong nga, eh.*

No. Intelligent, in fact.

BOB:
> *Ipakilala mo ako kaagad.*

Introduce me at once.

MALOU:
> *Oo. Kaya lang ...*

Yes. But ...

BOB:
> *Ano iyon?*

What is it?

MALOU:
> *Lalake siya.*

He's a guy.

Understanding the Dialog

Your teacher reads the following description of
Malou's friend. Supply the appropriate words.

May bagong _____ si Malou. _____ siya
sa Pilipinas. Gusto ni Malou ang _____.
Masaya siya at _____ magdamit. At _____
pa siyang sumayaw. Bobo ba ang kaklase ni Malou?
Hindi, _____ nga, eh. Babae ba ang bagong
kaklase ni Malou?

MINI-DIALOGS

1. Describing people:
    Maganda ba ang kaklase mo/siya?
    'Is your classmate beautiful'?

    Vocabulary

báta'	young
matandá'	old
marúnong; matalíno	intelligent
bóbo; estupído	dumb; stupid
matápang	brave
duwág	coward
kurípot	tightwad
gastadór	spendthrift
mabaít	good; kind
salbáhe	mischievous
magandá/guwápo	beautiful/handsome
pángit	ugly
malakás	strong
mahína'	weak
mayáman	rich
mahírap	poor
masayá	happy; cheerful
malungkót	sad
masípag	industrious, hardworking
tamád	lazy
payát	thin, skinny
matabá'	fat

68

matangkád; mataás	tall	
pandák; mabába'	short	

Practice

Question	Response
Guwapo ba ang kaklase mo?	1. *Oo. (Guwapo).*
	2. *Hindi. Pangit (siya).*

Activities

1. Divide into pairs. With your partner, take turns asking and answering questions about your best friends.

    Example:

    S1: Guwapo ba ang kaibigan mo?
    S2: Hindi. Pangit siya.
    S1: Marunong ba siya?
    S2: Oo.
    Etc.

2. Using not less than three adjectives, describe your friend.

    Example:

    Maganda, marunong, at tamad ang kaibigan ko.

2. Describing objects:
    Maliit ba ang bahay?
    'Is the house small'?

Vocabulary

bágo	new	*mahál*	expensive
lúma'	old	*múra*	cheap
malakí	big	*maluwáng*	wide
maliít	small	*makípot*	narrow
mataás	tall; high	*maluwáng*	loose
mabába'	short; low	*masikíp*	tight
mahába'	long	*magára'*	smart
maiksí'	short		

Practice

Question

Malaki ba ang bahay?

Response

1. *Oo, (malaki ang bahay).*

2. *Hindi. Maliit (ang bahay).*

Activities

How would you describe the following objects/things?

kótse   (Example: Magara/Maliit/Mura)
telebisyón   gusáli' ('building')
lápis   pantalón
bag   libró
kuwárto   aláhas ('jewelry')
damít

3. Describing food: *Masarap ba?*   'Is it delicious'?

Vocabulary

masaráp	delicious	*matamís*	sweet
di-masaráp	not delicious	*maásim*	sour
malinamnám	savory	*maálat*	salty
matabáng	tasteless	*mapaít*	bitter
maínit	hot	*malamíg*	cold

Practice

Question

Masarap ba ang pagkain?

Response

1. *Oo. (Masarap ang pagkain.)*

2. *Hindi. (Hindi masarap.)*

Activities

Describe the following foods:

ampalaya   (Example: Mapait ang ampalaya)
tóyo'   manggá
tápa   yélo
kánin   kapé
sorbétes   ságing
limón   asín

4. Describing nature: *Malamig ba ang panahon?*
'Is the weather cool/cold'?

Vocabulary

mabangó	fragrant
mabáho'	ill-smelling
maulán	rainy
mahángin	windy
maitím	black
maputí'	white; fair skinned
malálim	deep
mabábaw	shallow

Practice

Question	Response
Kumusta ang panahon?	*Maulan (ang panahon).*

Activities

Describe the following:

bundok (Example: Mataas ang bundok.)
sampaguita
panahon <u>sa Pilipinas</u>
       sa Amerika
       sa Baguio
       sa Aprika
langit
dagat/tubig/ilog

GRAMMAR NOTES

1. The prefix *ma-* may mark an adjective. It is usually affixed to a descriptive or quality word. The affix denotes the meaning 'having or being full of' or 'the quality of' whatever is expressed by the root.

   Examples:

ganda	beauty	*maganda*	beautiful
init	heat	*mainit*	hot

2. Some quality or descriptive roots or bases do not require the adjective affix *ma-*. They occur on their base forms with the same function as those with *ma-*.

71

Examples:

pangit   luma
payat   bago
tamad

3. An adjective also may fill the comment slot as does a noun or a verb.

Examples:

Comment	+	Topic
Maganda		ang dalaga.
Payat		ang bata.

4. Adjectives can occur immediately before or after the nouns they modify. In either position, there must be a linker between them. Observe the use of the linkers in the following modification constructions.

Adjective Modifier	Noun Modified	Adjective Modifier
maganda*ng*	palabas palabas *na*	 maganda
bago*ng*	kotse kotse*ng*	 bago
pangit *na*	dalaga dalaga*ng*	 ·pangit

Again, note the use of *na* when the linker is preceded by a consonant, except *n*, and -*ng* elsewhere. When there are two modifiers, both are linked to the noun modified by *na* or -*ng*.

Examples:

isa*ng* maganda*ng* bahay
apat *na* pula*ng* kotse

GRAMMAR EXERCISES

1. Convert the sentences below into phrases as shown by the examples. Use -*ng* when the adjective ends in a vowel sound and *na* when it ends in a consonant.

a. Guwapo ang kaklase ko.   *Guwapong kaklase ko*

b. Maganda ang bahay.   *Magandang bahay*

c. Maliit ang bahay.   *Maliit na bahay*

72

d. Luma ang bahay. _____

e. Mahal ang bahay. _____

f. Dilaw ang lapis. _____

g. Mabait ang kaibigan ko. _____

h. Mura ang kotse. _____

i. Pangit ang palabas. _____

2. Now convert the phrases into *may* sentences. Supply the missing subject.

Example:

May *magandang bahay* siya.
Etc.

3. Listen to your teacher count from one to ten in Tagalog. Then attach the following numbers to *lapis*. Use the linker *-ng/na*.

a. isa*ng lapis* _____   f. anim _____

b. dalawa _____   g. pito _____

c. tatlo _____   h. walo _____

d. apat _____   i. siyam _____

e. lima _____   j. sampu _____

4. Combine the following words into an adjectival phrase. Use the linkers *na/-ng* to connect the numbers, colors, and adjectives to the nouns.

a. isa/maganda/bahay   a. *isang magandang bahay*

b. dalawa/maliit/bahay   b. _____

c. tatlo/luma/bahay   c. _____

d. apat/mahal/bahay   d. _____

e. lima/dilaw/lapis   e. _____

f. anim/mabait/kaibigan   f. _____

g. pito/mura/kotse   g. _____

h. walo/mahaba/palabas   h. _____

i. siyam/matamis/mangga   i. _____

j. sampu/mabango/   j. _____
   bulaklak

5. Construct *may* sentences using the phrases above:

Example:

May *isang magandang bahay* ang kapatid ko.
Etc.

6. Construct negative statements following the
    example given. Then construct alternative state-
    ments giving the adjectives that will produce a
    similar meaning.

    Negative Statements   Alternative Statements

    a. malaki/bahay
       Hindi malaki ang   *Maliit ang bahay.*
       bahay.
    b. guwapo/lalake

    _____   _____

    c. masaya/babae

    _____   _____

    d. marunong/bata

    _____   _____

    e. mura/kotse

    _____   _____

    f. mataba/siya

    _____   _____

    g. mataas/gusali

    _____   _____

    h. mainit/sorbetes

    _____   _____

    i. luma/damit

    _____   _____

    j. mahirap/Rockefeller

    _____   _____

7. Add an appropriate noun to the adjectives listed
    below. Use each noun only once.

    a. magara _____
    b. makiput _____
    c. matanda _____
    d. mahangin _____
    e. pangit _____
    f. maasim _____

g. maitim _____

h. mabango _____

i. matalino _____

j. luma _____

8. Give a logical adjective to complete the contradiction intended in the statements below:

a. Maganda nga siya pero ____tamad____ naman.

b. Matanda nga siya pero _____ naman.

c. Mayaman nga siya pero _____ naman.

d. Matalino nga siya pero _____ naman.

e. Payat nga siya pero _____ naman.

f. Maliit nga ang Volkswagen pero _____naman.

g. Maiksi nga ang eksamen pero _____naman.

h. Maulan nga sa Baguio pero _____naman.

i. Mainit nga sa Maynila pero _____naman.

j. Malayo nga ang Cebu pero _____naman.

VOCABULARY EXERCISES

1. Game: Opposites

   Team I gives an adjective. Team II gives its opposite.

   Example:

Team I:	"Pangit"
Team II:	"Maganda"
Team II:	"Malungkot"
Team I:	"Masaya"

   The team with the most points wins the game.

2. Guessing Game: Describe an object and have your classmates guess what it is. Use colors, shapes, and adjectives.

   Example:

   S1: Mahaba ito, matulis at dilaw ang kulay.
   (Sagot: *Lapis*)

3. Expansion Exercises:

   a. Outdo each other in describing a friend. Repeat the adjectives mentioned by the preceding student.

Example:

S1: Marunong ang kaibigan ko.

S2: Marunong at maganda *pa* ang kaibigan ko.

S3: _____, _____, at mayaman pa ang kaibigan ko.

S4: _____, _____, _____, at _____ pa ang kaibigan ko.

The student whose adjectives can't be added on to is the winner.

b. Then, do the reverse, using only negative adjectives.

Example:

S1: *Salbahe* ang kaaway ko.
Etc.

(Use: *pangit* 'ugly', *gastador* 'spendthrift', *bobo* 'stupid', *mataba* 'fat', *tamad* 'lazy', etc.)

WRITING EXERCISES

1. What colors, sizes, and shapes can you use to modify the nouns below. Regroup them according to the category of the adjectives used (i.e., shapes, colors, sizes, etc.):

singsíng	ring	*manggá*	mango
papél	paper	*bundók*	mountain
sanggól	baby	*gátas*	milk
dugó'	blood	*bóla*	ball
asín	salt	*kapé*	coffee
póste	post	*lóbo*	balloon
istróberi	strawberry	*damó*	grass
kétsup	catsup		

Example:

bilog: singsing, bola, lobo
pula: dugo, istroberi, ketsup

Which can fall under more than one category?

2. Construct sentences to describe the items mentioned above.

76

Examples:

> Pula ang kulay ng istroberi.
> Bilog ang hugis ng singsing.

3. Write at least five sentences to describe the following:

    a. your house. (Use color, number, and *ma-*
       adjectives)

    Example:

    > May lumang bahay (o "apartment") kami sa
    > Kalihi. Maliit lang ang bahay namin. May
    > tatlong kuwarto, isang banyo, isang kusina
    > at isang sala ang bahay namin. Malapit ang
    > bahay namin sa eskuwela.

    b. a friend, a member of your family, or an
       enemy.

    c. an object.

CUMULATIVE ACTIVITY

Create your own dialogs by combining the dialogs
learned up to this point. The following model may
be used.

A: Hoy, Ernie, kumusta ka?

B: Mabuti naman.

A: Saan ka pupunta?

B: Diyan lang. Balita ko, bumili ng kotse si Ben.

A: Oo, kahapon.

B: Maganda ba?

A: Oo.

B: Mahal ba?

A: Puwede na./ Hindi naman.

B: Anong kulay?

A: Pula.

B: Malaki ba?

A: Hindi, maliit.

B: Kailan tayo sasakay?

A: Bukas.

B: Bakit?

A: Pupunta tayo sa party.

B: Kanino?

A: Birthday ni Beth.

Etc.

PRONUNCIATION DRILLS

Sound Drill: /ng-/

ngá'	ngípin	ngánga'
ngayón	ngití'	ngawngáw

Word Drill

Roots	Adjectives
sayá	masayá
gandá	magandá
lungkót	malungkót
baít	mabaít
liít	maliít
tabá'	matabá'
taás	mataás

Phrase Drill

maganda*ng* báhay
pangit *na* palabás
mabait *na* kaibígan
mura*ng* kótse

SELF-ASSESSMENT LIST

By the end of this lesson you should be able to:

1. Describe things and persons by using adjectives.

2. Give the opposite adjective for the more common ones.

3. Use the linker *na/-ng* to connect the modifiers to the noun modified.

4. Construct *may* sentences using adjectives and adjectival phrases.

5. Produce the initial /ng/ sound.

Review parts of the lesson not yet learned.

Lesson 8

GIVING AND FOLLOWING INSTRUCTIONS

MAKINIG AT SUMUNOD (Listen and Follow)

1. Using pictures of stick figures in action as cues,
    your teacher gives the following commands to the
    class. The class acts out the commands.

Action	Command
'Sit'	*Umupo kayo.*
'Stand'	*Tumayo kayo.*
'Walk'	*Lumakad kayo.*
'Run'	*Tumakbo kayo.*
'Jump'	*Tumalon kayo.*
'Sing'	*Kumanta kayo.*
'Dance'	*Sumayaw kayo.*
'Read'	*Bumasa kayo.*
'Write'	*Sumulat kayo.*
'Leave'	*Umalis kayo.*
'Eat'	*Kumain kayo.*
'Cry'	*Umiyak kayo.*
'Laugh'	*Tumawa kayo.*
'Turn around'	*Umikot kayo.*
'Kneel'	*Lumuhod kayo.*
'Shout'	*Sumigaw kayo.*
'Drink'	*Uminom kayo.*
'Count'	*Bumilang kayo.*

2. Take turns giving commands to the class. The
    class acts out the commands.

MINI-DIALOGS

1. Giving commands: *Umupo ka*   'Sit down'.
    Vocabulary

tumayó'	stand	*lumákad*	walk
tumalón	jump	*tumakbó*	run
lumabás	go out		

    Practice

Command	Response
Tumayo ka.	(Student stands.)

79

Activities

1. Your teacher gives the following instructions to individual students who then act out the commands.

Umupo ka.	Kumanta ka.
Tumayo ka.	Sumayaw ka.
Lumakad ka.	Bumasa ka.
Tumakbo ka.	Sumulat ka.
Tumalon ka.	Umalis ka.

2. Guessing Game: Your teacher gives each of you a piece of paper with three commands written on it by another member of the class. You will act out the commands and the class guesses what was written on the piece of paper.

   Example:

   > (The student jumps, sings, and eats.)

   > The class says: "Tumalon ka. Kumanta ka. Kumain ka."

Grammar Notes

The -Um- verb

The -um- affix indicates that the actor or doer of the action is the topic (subject) of the sentence.

The -um- affix is infixed before the first vowel of the verb base. All Tagalog verb bases start with consonants. Sometimes the base appears to have an initial vowel sound because it starts with a glottal stop /'/, a consonant sound that is not overtly marked. The following examples illustrate.

-um-	+	'upo	=	umupo
-um-	+	tayo	=	tumayo

---

2. Giving negative commands: *Huwag kang kumanta.* 'Don't sing'.

Vocabulary

kumantá	sing
sumúlat	write
bumása	read
umalís	leave

80

Practice

Command   Response

Huwag kang kumanta.   (Student doesn't sing.)

Activities

1. Your teacher divides the class into groups
    and then gives a rapid succession of positive
    and negative commands. If you cannot follow
    and make a mistake you are out of the game.
    The group with the largest number of remain-
    ing members wins.

    Examples:

    Tumayo kayo.   (Class stands up.)

    Huwag kayong umupo. (Class remains
                                 standing.)

2. The teacher can also call on individual
    students.

    Example:

    Umupo ka, Ben. (Only Ben sits down.)

    (Ben is considered "out" if he doesn't
    perform the action right away.)

    Huwag kang umupo, Ben. (Ben remains
                                    standing.)

Grammar Notes

Huwag + *-Um-* Verbs

The second person *ang* pronoun actor takes
the linker *-ng* when occurring between
huwag and the *-um-* verb.

Example:

Positive Command

-Um- verb   +   *Ang* pronoun

Tumayo   ka.

Negative Command

Huwag + *Ang* pronoun + *-ng* + *-Um-* verb
Huwag   kang   tumayo.

It is important to note the inversion of the
position of the pronoun and the verb in the
negative command.

---

3. Asking and talking about what someone did:
   Ano ang ginawa mo? 'What did you do'?

   Practice

Question	Response

   Ano ang ginawa mo?   *Uminom ako.*
                    ko?   *ka.*
                    niya?   *siya.*
                    ni Luis?   *si Luis.*
                    ng tsuper?   *ang tsuper.*

   Activities

   1. A student (S1) performs the teacher's command. Another student (S2) asks S1 what he/she just did and S1 replies. Then the teacher asks S3 what S1 did.

      Example:

      ```
      T:   Bumasa ka, ___(S1)___ .
      S1:  (Reads)
      S2:  Ano ang ginawa mo?
      S1:  Bumasa ako.
      T:   (To S2) Ano ang ginawa ni ___(S1)___ ?
      S3:  Bumasa siya.
           Etc.
      ```

   2. Guessing Game: S1 goes out of the room. S2 performs a command given by S3. As soon as S1 enters the room, the class asks "Ano ang ginawa niya/ni Peter?" S1 guesses saying "Sumayaw ba siya?" or "Sumulat ba siya?" If S1 fails to guess correctly after two attempts, the class gives him a task to perform as punishment.

ROLE PLAYING

1. Choose two students, A and B, to stand back to back before the class. Student A acts out a verb (e.g., mimics "swimming") and the class gives the corresponding command ("Lumangoy ka") to Student B who obeys it. The student able to follow the command correctly wins points for his/her group. The class may be divided into two groups to compete in scoring.

2. Perform with a partner. S1 pretends to be mute and S2 interprets what he/she is doing in response to the question *Ano ang ginawa mo kahapon* ('yesterday')? The best performance

82

award is given to the pair that illustrates the
most verbs.

Example:

    S1: Hoy, Pete, kumusta ka?
    S2: (Acts out appropriate response)
    S1: Ano ang ginawa mo kahapon?
    S2: (Pretends he's swimming)
    S1: Ah, lumangoy ka.
         Etc.

GRAMMAR NOTES

1. Unlike other kinds of verbs, the -um- verbs have the same form (the infinitive form) to express both a command and the completed aspect. This is illustrated by the following examples:

   Command: *Umupo ka.*   '(You) sit down'.

   Completed   *Umupo siya.* 'He/she sat down'.
     aspect:

2. In contrast to the -um- verb which has *ang* phrases as actor, the -in verb has *ng* phrases as actor. The following illustrates this:

-Um- Verbs + *Ang* Pronouns	*-In* Verbs + *Ng* Pronouns
*Um*upo ka.	Ano ang gi*n*awa mo?
*Su*mayaw ba kayo?	Ano ang gi*n*awa *ni* Luis?
	Ano ang gi*n*awa *ng* pulis?

The markers of *ng* phrases are *ng* before common nouns and *ni* before personal proper nouns. The -um- verb given in response to the question "Ano ang ginawa mo?" is used in a past or completed action.

GRAMMAR EXERCISES

1. Give the root (base form) of the following verbs:

  umupo _____   tumakbo _____
  uminom _____   lumakad _____
  lumabas _____   bumasa _____

2. Give the command/completed (past) forms of the following roots:

inom _____   sulat _____

upo _____   tayo _____

alis _____   basa _____

kain _____

3. Use the words above in commands by adding the following:

Carol   Umupo ka, Carol. _____

kayo   _____

Mario   _____

ka   _____

Lita   _____

4. Negate the following commands. Add -ng after ka/kayo.

Bumasa ka   Huwag kang bumasa. _____

Tumayo ka.   _____

Kumain ka.   _____

Lumakad ka.   _____

Tumalon kayo.   Huwag kayong tumalon. _____

Sumulat kayo.   _____

Tumakbo kayo.   _____

Umalis kayo.   _____

5. Using the given root words as cues, construct ba questions. Put the affix -um- before the first vowel of the root.

Cues	Questions	Responses
kain/ka	Kumain ka ba?	Oo, kumain ako.
sulat/sila	_____	Oo, _____
basa/estudyante	_____	Oo, _____
kain/bata	_____	Oo, _____
sayaw/ka	_____	Hindi, _____
takbo/siya	_____	Hindi, _____
alis/kami	_____	Hindi, _____
kanta/ka	_____	Hindi, _____

WE MUST ACT NOW!

Dear Friends and veterans advocates:

The next few weeks SEPT 29-OCT 17, 2008 WILL BE CRUCIAL because the joint Congress conference committee will decide how to reconcile the two disparate bills- SB 1315 and HR 6897- the inequity bill that gives nothing to the Filipino veterans.

For the latest news, the lower house has allotted $ 198 million for the benefits under the HB 6897 as a result of our actions. Are we contented with this? NO! A MILLION TIMES NO!

The US Congress will bail out crooked and corrupt corporations with our money; they give pennies to our veterans? We say PASS 1315 and restore Section 4 for Filipino veterans and trash HB 6897 (Filner's Folly) - the quit claim bill!

OUR ACTION:

Write, email or fax and ask House Speaker Nancy PELOSI and Senate Majority leader Harry REID to form the Senate-House CONFERENCE committee ASAP to PASS S. 1315 bill with the Filipino veterans equity benefits!

ADDRESS it to http://www.house.gov or http://www.senate.gov
or 202-224-3121 Capitol switchboard.
Ask to be connected to your Senator and Congressman!

We must raise the level of our struggle against this blatant act of naked deception and racism by the US Congress.

We will settle for no less than the recognition of the war time services of our Filipino veterans- in the SB 1315!

**BAIL OUT THE FILIPINO-AMERICAN VETERANS,
NOT THE CAPITALIST CROOKS!**

RECOGNITION = JUSTICE, EQUITY NOW!

Justice for Filipino American Veterans
jfavsf@live.com
Sept. 28, 2008

6. List a few instructions that are typically given by:

   a. a teacher to a student
   b. a host to his guests
   c. a mother to her child

PRONUNCIATION DRILLS

Word Drill

upó'	umupó'
alís	umalís
tayó'	tumayó'
lákad	lumákad
takbó	tumakbó
talón	tumalón
kantá	kumantá
sayáw	sumayáw
bása	bumása
súlat	sumúlat
gawá'	ginawá'

Sentence Drill

Umupó ka.
Tumayó ka.
Bumása kayo.
Sumúlat kayo.
Anó ang ginawa niya?

SELF-ASSESSMENT LIST

By the end of this lesson you should be able to:

1. Act out/illustrate simple affirmative and negative commands with -um- verbs.

2. Attach the linker -ng to ka/kayo in Huwag commands.

3. Describe what others did by using ang phrases/substitutes.

4. Ask what others did by using the question Ano ang ginawa + ng phrases/substitutes.

5. Identify and pronounce roots and stems of -um- verbs.

Review parts of the lesson you have not mastered.

Lesson 9

TALKING ABOUT DATES AND EVENTS

DIALOG: KAARAWAN NI PERLA

Makinig at Intindihin:

ALAN:
Kumbidado tayo sa
"birthday party" ni
Perla.

We are invited to
Perla's birthday
party.

BOB:
Saan?

Where?

ALAN:
Sa bahay nila, sa
Kalihi.

At their house in
Kalihi.

BOB:
Kailan?

When?

ALAN:
Sa a-dos ng Nobyembre.

On November 2.

BOB:
Ilang taon na ba siya?

How old is she now?

ALAN:
Labing-anim.

Sixteen.

BOB:
Aba, pareho pala kami
ng edad!

Why, we are the same
age!

ALAN:
Talaga? Anong taon
ka ba ipinanganak?

Really? When were you
born?

BOB:
Noong 1967.

In 1967

ALAN:
O, ano, puwede ka ba?

Well, can you make it?

BOB:
Anong araw ba iyon?

What day is that?

ALAN:
Linggo. Alas-kuwatro
ng hapon.

Sunday. Four in the
afternoon.

BOB:
O, sige. Pupunta ako.

Okay. I'll go.

Mga Tanong (Questions)

1. Sino ang may "birthday party"?
2. Saan ang "birthday party"?
3. Kailan ang "birthday party"?
4. Ilang taon na si Perla?
5. Anong taon ipinanganak si Perla?
6. Anong araw ang party?
7. Anong oras ang party?
8. Ano ang edad ni Bob?
9. Kumbidado ba si Alan sa party?
10. Pupunta ba si Bob sa party?

MINI-DIALOGS

1. Asking what day it is: *Anong araw ngayon?*
   'What day is it today'?

   Vocabulary

Lúnes	Monday	*Linggó*	Sunday
Martés	Tuesday	*ngayón*	now
Miyérkoles	Wednesday	*áraw*	day
Huwébes	Thursday	*anó(-ng)*	what
Biyérnes	Friday	*búkas*	tomorrow
Sábado	Saturday	*kahápon*	yesterday

   Practice

Question	Response
Anong araw ngayon?	*Lunes (ngayon).*

   Activities

   Point to different dates on the calendar and ask your classmates the following questions. They should respond accordingly.

Anong araw ngayon?	Lunes ngayon.
kahapon?	Linggo kahapon.
bukas?	Martes bukas.

   Grammar Notes

   > *Ano*, which means 'what', when followed by a noun, is always linked to that noun by the linker *-ng*.

87

Examples:

Ano*ng* araw ngayon?
Ano*ng* buwan ang Pasko?
Ano*ng* petsa sa Linggo?

Some sentences in Tagalog may be viewed as topicless.

Examples:

Lunes ngayon.
Martes bukas.
Biyernes ba bukas?

Notice the absence of an *ang* phrase for the topic.

2. Asking what month it is: *Anong buwan ngayon?*
   'What month is it'?

Vocabulary

Enéro	January
Pebréro	February
Márso	March
Abríl	April
Máyo	May
Húnyo	June
Húlyo	July
Agósto	August
Setyémbre	September
Oktúbre	October
Nobyémbre	November
Disyémbre	December
buwán	month
eleksyón	election
Paskó	Christmas
Bágong Taón	New Year
Mahál na Áraw	Holy Week
Áraw ng mga Púso'	Valentine's Day
Áraw ng mga Patáy	All Souls' Day
Áraw ng Kalayáan	Independence Day
Áraw ng Pasasalámat	Thanksgiving Day

Practice

Question	Response
Anong buwan ngayon?	*Setyembre (ngayon).*

Activities

Answer the following questions:

Anong buwan ang Pasko?	(Disyembre)
Anong buwan ang Mahal na Araw?	_____
Anong buwan ang Araw ng mga Puso?	_____
Anong buwan ang Araw ng mga Patay?	_____
Anong buwan ang "Memorial Day"?	_____
Anong buwan ang "Halloween"?	_____
Anong buwan ang "Labor Day"?	_____
Anong buwan ang Araw ng Kalayaan?	_____

3. Asking about dates: *Anong petsa ngayon?*
   'What date is it today'?

Vocabulary

pétsa	date	*a-disiseís*	16th
a-priméro	1st	*a-disisiyéte*	17th
a-dós	2nd	*a-disiótso*	18th
a-trés	3rd	*a-disinuwébe*	19th
a-kuwátro	4th	*a-bénte/béynte*	20th
a-síngko	5th	*a-bénte-úno*	21st
a-seís	6th	*a-bénte-dós*	22nd
a-siyéte	7th	*a-bénte-trés*	23rd
a-ótso	8th	*a-bénte-kuwátro*	24th
a-nuwébe	9th	*a-bénte-síngko*	25th
a-diyés	10th	*a-bénte-seís*	26th
a-ónse	11th	*a-bénte-siyéte*	27th
a-dóse	12th	*a-bénte-ótso*	28th
a-tríse	13th	*a-bénte-nuwébe*	29th
a-katórse	14th	*a-trénta*	30th
a-kínse	15th	*a-trénta'y-úno*	31st

Practice

Question	Response
Anong petsa ngayon?	*A-trese ng Setyembre (ngayon).*
Anong petsa ang Pasko?	*A-bente-singko ng Disyembre (ang Pasko).*

Activities

1. Answer the following questions:

    Anong petsa kahapon? _____

    Anong petsa bukas? _____

    Anong petsa ang Pasko? _____

    Anong petsa ang "Labor Day"? _____

    Anong petsa ang pista ng bayan? _____

    Anong petsa ang "Veterans' Day"? _____

    Anong petsa ang "Easter"? _____

    Anong petsa ang eleksyon? _____

    Anong petsa ang kaarawan mo? _____

2. Ask what holiday a certain date is:
    Example:

    > Anong araw ang/sa a-kinse?
    > Miyerkoles ang/sa a-kinse.

    Have the class consult the calendar for their responses.

4. Asking when an event will occur:
    Kailan ang "party"?
    'When is the party'?

    Vocabulary

bakasyón	vacation
iksámen	examination
paráda	parade

Practice

Question	Response
Kailan ang kaarawan mo?	*Sa a-singko (ng Oktubre).*

Activities

1. Conduct a chain drill asking and reporting each other's birthdays.

   Example:

   S1 (to S2):   Kailan ang kaarawan mo?

   S2:   Sa a-katorse ng Pebrero.

   S1 (to S3):   Sa a-katorse ng Pebrero ang kaarawan ni Alan.

2. Ask each other when other events will occur.

   Example:

   Kailan ang "picnic"?

Grammar Notes

> *Kailan* 'when' questions are answered by dates marked with *sa*.
>
> Examples:
>
> | | |
> |---|---|
> | *sa a-singko* | 'on the 5th' |
> | *sa a-bente* | 'on the 20th' |
> | *sa a-katorse* | 'on the 14th' |
>
> *A-* prefixed to a number word is a borrowing from Spanish, hence no Tagalog number word occurs after this prefix. Expressing dates in this manner is more common than using the Tagalog counterpart which is marked by the prefix *ika-*.
>
> Examples:
>
> | | |
> |---|---|
> | *sa ika-lima* | 'on the 5th' |
> | *sa ika-labing-apat* | 'on the 14th' |
> | *sa ika-dalawampu* | 'on the 20th' |

DIALOG VARIATION

1. With your partner read the dialog at the beginning of the lesson making changes as follows:

   a. Host: Jonathan
      Occasion: his 18th birthday party
      Where: their ranch in Nevada
      When: Saturday, December 8, at 3:00 p.m.

   b. Hostess: Jennifer
      Occasion: her 20th birthday party

                    Where: San Francisco Hilton Hotel
                    When: October 29, at 5:30 p.m.

2.   Create your own fictitious characters, events,
     and places.

3.   Refer to your appointment book and enumerate your
     activities and engagements within the next few
     months, giving the complete date for each of them.
     (You may choose to discuss your activities of the
     past few months, including the dates.)

CUMULATIVE ACTIVITY

The box below contains information about certain
persons. Take turns asking information questions
about these persons and answering them. Sample
questions:

     1.   Kailan ipinanganak si . . .
     2.   Saan ipinanganak si . . .
     3.   Saan nag-aaral si . . .
     4.   Saan nakatira si . . .
     5.   Ano ang trabaho ni . . .
     6.   Saan nagtatrabaho si . . .
     7.   Sino ang nagtatrabaho sa . . .
     8.   Sino ang ipinanganak noong . . .
     9.   Sino ang ipinanganak sa . . .
    10.   Sino ang nag-aaral sa . . .
    11.   Saan sa_____ ipinanganak si . . .

Name	Birthdate	Hometown	School/Office
Joan	Oct. 11, 1960	Manila, Philippines	U.H./____
Lionel	June 25, 1950	Cebu, Philippines	____/East-West Center
Simon	Nov. 20, 1950	Seattle, Washington	UCLA/____
Bert	Mar. 4, 1966	Sacramento, California	____/Bank of Hawaii
Marsha	Feb. 11, 1963	Vancouver, Canada	____/Prudential Co.
Brent	Nov. 4, 1955	Ann Arbor, Michigan	University of Michigan/____
Barbara	July 9, 1959	Manhattan, New York	____/Ford Model Agency
Martin	Dec. 23, 1964	Diliman, Quezon City	U.P. Law School/____
Kathy	Aug. 16, 1960	Detroit, Michigan	Dearborn High School/____
Ralph	Sept. 14, 1962	Makati, Rizal	International School

GRAMMAR EXERCISES

1. Convert the following statements to questions:

    a. Lunes ngayon.   Lunes *ba* ngayon?

    b. Martes bukas.   _____

    c. Linggo kahapon.   _____

    d. Sabado ang piknik.   _____

    e. Biyernes ang palabas.   _____

    f. Miyerkoles kahapon.   _____

    g. Huwebes ngayon.   _____

    h. Biyernes bukas.   _____

2. Answer the following questions using the verbs
   in parentheses. Then negate each affirmative
   response.

    Question: Ano ang ginawa mo kahapon?

    Response: (sulat) Sumulat ako kahapon.
                (Or: Hindi ako sumulat.)

                (basa)   _____

                (takbo)   _____

                (kanta)   _____

                (alis)   _____

                (sayaw)   _____

3. Combine the verbs above to construct an affirma-
   tive and/or negative sentence.

   Example:

        Sumulat at bumasa ako kahapon.
        Hindi ako tumakbo, kumanta, at umalis.

VOCABULARY EXERCISE

Complete the following questions by naming an
occasion or event.

1. Miyerkoles ba ang ____parada____ ?

2. Linggo ba ang _____ ?

3. Lunes ba ang _____ ?

4. Martes ba ang _____ ?

5. Huwebes ba ang _____ ?

6. Biyernes ba ang _____ ?

7. Sabado ba ang _____ ?

WRITING EXERCISE

Write a dialogue expanding on any one of the following:
1. Marsha: Kumbidado tayo sa kasal ni Betty.
2. Jack: Kumbidado tayo sa binyag ng anak ni Bill.
3. Margie: Kumbidado tayo sa party ni Dustin.
4. Albert: Kumbidado tayo sa . . .

PRONUNCIATION DRILLS

Word Drill

Days   Months

Lúnes   Enéro   Húlyo
Martés   Pebréro   Agósto
Miyérkoles   Márso   Setyémbre
Huwébes   Abríl   Oktúbre
Biyérnes   Máyo   Nobyémbre
Sábado   Húnyo   Disyémbre
Linggó

Note: all final o's are unrounded.

Phrase Drill: (Spanish numerals used for dates)
a-priméro   a-ónse   a-béynte-úno
a-dós   a-dóse   a-béynte-dós
a-trés   a-trése   a-béynte-trés
a-kuwátro   a-katórse   a-béynte-kuwátro
a-síngko   a-kínse   a-béynte-síngko
a-saís   a-disisaís   a-béynte-saís
a-siyéte   a-disisiyéte   a-béynte-siyéte
a-ótso   a-disiótso   a-béynte-ótso
a-nuwébe   a-disinuwébe   a-béynte-nuwébe
a-diyés   a-béynte   a-trénta

Sentence Drill

Anong araw kahapon?
Anong araw ngayon?
Anong araw bukas?
Linggo ba ang "party"?
Kailan ang "party"?

SELF-ASSESSMENT LIST

By the end of this lesson you should be able to:
1. Name the months and the days of the week.
2. Give exact dates in response to *Ano/Kailan* questions.
3. Review *-um-* verbs expressing completed action by using *kahapon*.

Review parts of the lesson you have not mastered.

Lesson 10

INQUIRING AND EXPLAINING ABOUT
ABSENCES, EXCUSES, AND AILMENTS

DIALOG: MASAKIT ANG ULO

Makinig at Intindihin:

BOB:
Malou, bakit ka tahimik
na tahimik diyan?

Malou, why are you so
quiet?

MALOU:
Masakit ang ulo ko, eh.

My head aches.

BOB:
Pareho na lang tayo.
Kasi napaka-init
ngayon.

The same with me. It's
because it has been
too hot.

MALOU:
Lalo na sa "downtown."
Naglakad ako nang nag-
lakad. Sumakit ang paa
ko. Maya-maya'y
umakyat ang sakit sa
ulo ko.

Especially downtown.
I walked and walked.
My feet ached. After
a little while, the
pain went up to my head.

BOB:
Humanap tayo ng
aspirina.

Let's look for some
aspirin.

MALOU:
Mabuti pa nga yata.
Pero maglalakad na
naman tayo. Sasakit
ulit ang paa ko.

Good idea. But we're
going to walk again.
My feet will ache
again.

BOB:
Kung bubuhatin naman
kita, sasakit ang likod
ko at braso.

If I carried you, my
back and arms would
ache.

MALOU:
Maupo na lang tayo rito
at tiisin natin ang sakit
ng ating ulo.

Let's just sit down
here and endure our
headaches.

Mga Tanong.

1. Sino ang tahimik na tahimik?
2. Bakit?

3. Masakit din ba ang ulo ni Bob?
4. Bakit?
5. Saan daw mainit?
6. Ano ang ginawa ni Malou?
7. Ano ang nangyari sa paa niya?
8. Ano ang hinahanap ni Bob?
9. Pumayag ba si Malou?
10. Gusto ba niyang maglakad?
11. Bakit?
12. Ano ang sasakit kay Bob kung bubuhatin niya si Malou?
13. Ano ang sinabi ni Malou?

Learning the Dialog

"Strip Story": Each of you gets a strip of paper with a sentence from the dialog "Masakit ang Ulo" written on it. Memorize your line. The sentences are to be recited aloud by all the students in the sequence found in the dialog.

MINI-DIALOGS

1. Identifying parts of the body:
   Ituro mo ang ulo. 'Point to the head'.

   Vocabulary

bibíg	mouth	*lalamúnan*	throat
bintí'	leg	*matá*	eye
bráso	arm	*mukhá'*	face
buhók	hair	*ngípin*	tooth
dalíri'	finger	*noó*	forehead
díla'	tongue	*paá*	foot
ilóng	nose	*ténga*	ear
kamáy	hand	*tiyán*	stomach
katawán	body	*túhod*	knee
kílay	eyebrow	*síko*	elbow
kukó	fingernail	*úlo*	head

   Practice

Command	Response
Ituro mo ang ulo mo.	(Point to your head) *Ito ang ulo ko.*

96

Activities

1. Identify different parts of your body.

    Example:

    > Ito ang ulo ko.
    > Etc.

2. Conduct a chain drill identifying parts of the body.

    Example:

    > S1: Ano ito?
    > S2: Ulo iyan.
    > Etc.

3. Game "Sabi ni Simon." Leader gives commands in rapid succession like:

    > Ituro ang ulo.
    > Huwag ituro ang ulo. (Students don't do anything.)

    If you respond incorrectly to the commands you are out. The last student left is the winner.

4. Question-Answer Drill: Ask about the different parts of the body.

    a. Ilan ang mga mata natin? (Dalawa ang mga mata natin.)

    b. Ilan ang tenga natin?
    c. Ilan ang kamay natin?
    d. Ilan ang daliri natin?
    e. Ilan ang ilong natin?
    f. Ilan ang ulo natin?
    g. Ilan ang paa natin?
    h. Ilan ang siko natin?
    i. Ilan ang dila natin?
    j. Ilan ang ngipin natin?
    k. Ilan ang bibig natin?
    l. Ilan ang braso natin?
    m. Ilan ang palad natin?
    n. Ilan ang binti natin?

2. Absences and illnesses: *Bakit wala si Ben?*
   'Why isn't Ben here'?

Vocabulary

lagnát	fever
masakít	painful
sakít	illness

97

sipón	a cold
ubó	cough

Practice

Question	Response
Bakit wala si Ben?	*Kasi may sipon siya.*

Activities

1. Conduct a chain drill asking when and why someone was absent:

   Example:

   > S1: Kailan ka "absent"?
   > S2: Noong Lunes. (Martés, etc.)
   > S1: Bakit ka "absent"?
   > S2: Kasi may sakit ako. (lagnat, sipon)
   > Or: Kasi masakit ang ulo ko. (tiyan, ngipin, likod)
   >
   > Etc.

2. Conduct a survey on the most common reasons why students are absent.

   Sample list of ailments

   masakit ang ulo
   masakit ang tiyan
   masakit ang ngipin
   may lagnat
   may sipon
   may "date"
   may magandang sine/palabas
   may iksamen
   walang "assignment"
   huli sa klase
   Etc.

   Number your list from the most common to the least common reasons or excuses for being absent from class.

Grammar Notes

> The question introduced by the interrogative word *bakit* 'why' elicits a response with *kasi* 'because'. *Kasi* introduces a statement of purpose or reason.

98

DIALOG VARIATION

Using the dialog "Masakit ang Ulo" as a model, talk about your aches and pains to a friend or talk about a sick classmate who is absent from class. The student who gives the most ailments gets the "Hypochondriac Award."

CUMULATIVE ACTIVITIES

1. Game: "Ituro Mo . . ."

    Follow the leader's command to point to various parts of the body. As the leader gives a command, he too points to a part of his own body that may or may not correspond to what he says. The student, therefore, must follow what he hears, not what he sees the leader do.

    Example:

    Leader: "Ituro mo ang ulo." (points to head or ear)

    Student: (must point to head, not ear)

2. "The Monster": Draw a monster according to the dictated description. Ask *ilan* questions about it with rising intonation to check your drawing.

Dictation	Question
Tatlo ang mata niya.	Ilan ang mata niya?
Tatlo ang ilong niya.	Ilan ang ilong niya?
Tatlo ang tenga niya.	Ilan ang tenga niya?
Anim ang daliri niya.	Ilan ang daliri niya?
Dalawa ang ulo niya.	Ilan ang ulo niya?
Tatlo ang braso niya.	Ilan ang braso niya?
Apat ang bibig niya.	Ilan ang bibig niya?
Etc.

    Compare your sketches.

3. Sing or recite the following song, pointing to the different parts of the body as mentioned.

    Sampung mga daliri
    Kamay at paa
    Dalawang mata
    Dalawang tenga
    Ilong na maganda.

    Malilinis na ngipin
    Masarap ikain
    Isang bibig nagsasabing
    Huwag magsisinungaling.

99

VOCABULARY EXERCISE

Cross out the word that does not belong to the general area of the body indicated by the rest of the words:

1. ilong, binti, mata, pisngi
2. buhok, teynga, mukha, leeg
3. palad, tuhod, daliri, kuko
4. paa, siko, kamay, braso
5. bibig, ngipin, noo, dila

PRONUNCIATION DRILLS

Sound Drill: /ng/

ngípin
ténga
ilóng

Word Drill: Parts of the body

úlo	mukhá'	paá
ténga	dibdíb	katawán
matá	tiyán	
ilóng	kamáy	
bibíg	dalíri'	
ngípin	bintí'	

Phrase Drill

sampung mga dalíri
dalawang matá
isang ilóng
may sakít
kamay at paá

Sentence Drill:

Masakít ang katawan niyá.
May sakít ang nanay niyá.
Itúro mo ang noo mó.
Sampú ang daliri niyá.

SELF-ASSESSMENT LIST

By the end of this lesson you should be able to:

1. Identify the parts of the body using *ang* demonstratives.

2. Give and respond to commands having the verb *ituro*.

3. Use *bakit* questions and respond with *kasi*.

Review items you have not learned.

Lesson 11

INTRODUCING MEMBERS OF THE FAMILY

DIALOG: ANG PAMILYANG SANTOS

Makinig at Intindihin:

MARIE:
> *Hoy, Fred, ano iyang dala mo?*

Hey, Fred, what do you have there?

FRED:
> *Retrato ng pamilya ko.*

Our family portrait.

MARIE:
> *Patingin nga. Sino ito?*

Let me see. Who's this?

FRED:
> *Yan ang nanay ko.*

That's my mother.

MARIE:
> *Ito ba ang tatay mo?*

Is this your father?

FRED:
> *Oo, iyan nga. At ito naman ang lolo at lola ko.*

Yes, that's him. And these are my grand-father and grandmother.

MARIE:
> *Ilan ang kapatid mo?*

How many brothers and sisters do you have?

FRED:
> *Dalawa lang. Ito si Mary, ang ate ko. At ito ang bunso namin, si Henry.*

Only two. This is Mary, my elder sister. And this is our youngest, Henry.

MINI-DIALOGS

1. Identifying members of the family: *Sino iyan?*
    'Who's that'?

Vocabulary

áte	elder sister
anák (*ng kapatíd ko*)	child (of my brother/ sister); nephew/niece
asáwa (*ng kapatíd ko*)	spouse (of my brother/ sister); brother-in-law/sister-in-law

101

bunsó'	youngest child
kapatíd (na lalake/na babae)	brother/sister
lólo	grandfather
nánay	mother
pangánay	eldest child
pínsan	cousin
tátay	father
tiyá	aunt
tiyó	uncle

Practice

Question	Response
Sino iyan/ito?	*Tatay ko (iyan/ito).*
Sino ang tatay mo?	*Si Juan Santos (ang tatay ko).*

Activities

1. Bring pictures of your family to class. Your classmates will ask you who the members of your family are.

   Example:

   S1: (pointing to the picture) Sino ito?
   S2: Nanay ko iyan.
   Etc.

2. Identify the members of your family to your classmates.

   Examples:

   Ito ang tatay ko.
   Tatay ko ito.

3. Ask each other the names of the members of your family.

   Example:

   S1: Sino ang nanay mo?
   S2: Si Juanita Santos (ang nanay ko).
   Etc.

4. Guess the names of the family members of your seatmate.

Example:

> Si Juanita Santos ito.
> Ito ang nanay ni Fred.

Grammar Notes

> *Sino* questions followed by *ang* phrases are answered by identificational type sentences.
>
> Examples:
>
> Question: Sino iyan?
>
> Answer: <u>Tatay ko</u> <u>ito</u>. (Si Juan ito.)
>   (topic) (comment)
>
> Question: Sino ang tatay mo?
>
> Answer: <u>Si Juan Santos</u> <u>ang tatay ko</u>.
>   (topic)   (comment)

2. Asking about occupations:
   Ano ang trabaho ng tatay mo?
   'What's your father's job/work'?

Vocabulary

abogádo	lawyer
doktór	doctor
empleyádo	employee
estudyánte	student
hardinéro	gardener
inhinyéro	engineer
kargadór	longshoreman
karpentéro	carpenter
kusinéro	cook
labandéra	laundrywoman
magúlang	parent
waláng trabáho	jobless
dentísta	dentist
mekániko	mechanic
nars	nurse
prinsipál	principal
sekretárya	secretary
taga-línis	janitor

diyanitór	janitor
táong-báhay	housewife
tindéro	vendor
títser	teacher
tsupér	driver
tubéro	plumber

Practice

Question	Response
Ano ang trabaho ng tatay mo?	*Mekaniko siya.*
Ano ang trabaho ng nanay at tatay mo?	*Titser ang nanay ko at dentista ang tatay ko.*

Activities

1. Ask each other about the occupations of the different members of the family.

    Example:

S1:	Ano ang trabaho ng nanay mo?
S2:	Wala, taong-bahay siya.
S3 (to S4):	Ano ang trabaho ng mga magulang mo?
S4:	Sekretarya ang nanay ko at prinsipal ang tatay ko.

2. Talk about the occupations of each member of your family.

    Example:

    S1: Empleyado ang tatay ni Tomas. Tsuper ang tiyo niya.

    S2: Hindi. Dentista siya.

Grammar Notes

> The conjunction *at* is used to combine two parallel clauses as in the following examples:
>
> Question: Ano ang trabaho ng tatay (mo) *at* (ano ang trabaho ng) nanay mo?

```
Response:   Magsasaka po ang tatay ko
            at taong-bahay ang nanay ko.

Note that the redundant elements in the
question (enclosed in parentheses) may be
deleted from either of the clauses.
```

3. Specifying locations:
    Nasa ibabaw ng mesa ang pera.
    'The money is on top of the table'.

    ### Vocabulary

gitná'	middle
haráp	in front; front
ibábaw	on top of
ilálim	under, underneath
likód	behind
tabí	beside

    ### Practice

Question	Response
Nasaan ang libro?	*Nasa likod ng kotse.*

    ### Activities

    1. Use the following drawings as cues for
        questions:

        S1: Nasaan ang ___X___?
        S2: Nasa ilalim ng mesa.

        S1: Nasa ilalim ba ng mesa ang ___X___?
        S2: Oo, nasà ilalim ng mesa ang ___X___.

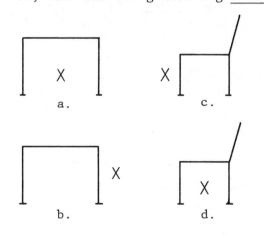

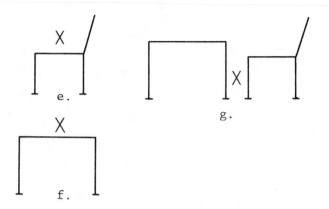

e.

g.

f.

2. Using objects and people in the classroom,
    ask "nasaan ang/si ___ X ___?" To answer,
    use <u>gitna</u>, <u>ibabaw</u>, <u>ilalim</u>, <u>harap</u>, <u>tabi</u> or
    <u>likod</u>, and "Nasa _____ ang/si _____."

3. Guess which of three different colored bottle
    caps hides the penny. The student with the
    least number of pennies at the end of the
    game must sing a Tagalog song.

    Example:

    S1: Nasaan ang pera?
    S2: Nasa ilalim ng pulang takip.

Grammar Notes

> *Nasaan* 'where' questions are answered
> by *nasa* sentences stating the specific
> location of small movable objects.
>
> Example:
>
> Question: Nasaan ang libro?
> Response: Nasa (likod ng) kotse.
>
> Often synonymous with *saan* questions,
> *nasaan* is never followed by a verb.

4. Identifying things in the house and parts of the
    house: *Ano ang (kasangkapang) nasa sala?*
            'What things are in the living room'?

Vocabulary

Parts of the House

balkón	porch	*kusína'*	kitchen
bányo	bathroom	*kuwárto*	room
garáhe	garage	*sála*	living room
komedór	dining room		

Objects and Pieces of Furniture

aparadór	closet
bangkó'	bench
kalán	stove
káma	bed
mésa	table
pápag	pallet
piyáno	piano
ponógrapo	phonograph
istéryo	stereo
pridyidér	refrigerator
pugón	oven
rádyo	radio
salamín	mirror
sílya	chair
sopá	sofa
telebisyón	television
tukadór	dresser

Practice

Question

Ano ang nasa sala?

Response

Telebisyon, piyano, radyo, sopa, silya at mesa (ang nasa sala).

Activities

1. Identify the different parts of the house and enumerate the pieces of furniture in each.

    Example:

    S1: (Pointing to each room) Kusina ito, kumedor ito, etc.

    T: Ano ang nasa kusina?

    S2: Nasa kusina ang kalan, pridyider, etc.
    Or: Kalan, pridyider, etc. ang nasa kusina.

2. Describe the specific location of pieces of furniture in pictures.

107

Example:

    S1: Nasaan ang kama?
    S2: Nasa kuarto, sa tabi ng bintana.
    Etc.

CUMULATIVE ACTIVITIES

1. Show the class your family picture. In response to questions, describe where each member of your family is.

   Example: (Based on the Santos family picture)

Nasaan ang tatay mo?	Nasa gitna ni Mary at ng nanay ko.
Nasaan ang lolo mo?	Nasa harap ng tatay ko.
Nasaan ka?	Nasa kaliwa ng nanay ko.
Etc.	Etc.

2. Talk about each member of your family in not less than three sentences.

   Examples:

   a. Ito ang tatay ko.
      Luis ang pangalan niya.
      Abogado siya.

   b. Ito ang nanay ko.
      Titser siya.
      Guro siya sa Bonifacio Elementary School.

   c. Ito si Tessie.
      Kapatid ko siya.
      Sekretarya siya.

   d. Ito si Lionel.
      Kaibigan ko siya.
      Arkitekto siya.
      Binata siya./May asawa na siya.

3. Role-Play: You are showing a friend your family album. Pretend it is your own family. Model your dialog after "Ang Pamilyang Santos."

GRAMMAR EXERCISES

1. Expansion Exercise: Describe your picture using expanded *may* sentences with adjectives and *nasa* phrases. Use linkers (*-ng/na*) to connect the descriptive phrases to the nouns modified.

Example:

> May magandang rosas *na* bulaklak *na* nasa
> plorera (*na na-*) sa ibabaw ng mesa (*na na-*)
> sa sala.

Then ask questions based on the sentence:

a. Pangit ba ang bulaklak?
b. Ano ang kulay ng bulaklak?
c. Nasaan ang bulaklak?
d. Anong kulay ang plorera?
e. Nasaan ang plorera?
f. Nasaan ang mesa?

2. Reduction Exercise: Derive simple sentences from your expanded sentences.

Example:

> May dalawang pulang kandila sa ibabaw ng bilog
> *na* mesa *na nasa* kumedor.

a. May kandila sa mesa.
b. Dalawa ang kandila.
c. Pula ang kandila.
d. Nasa ibabaw ng mesa ang kandila.
e. Bilog ang mesa.
f. Nasa kumedor ang mesa.

VOCABULARY EXERCISES

1. Shuffle the family pictures and try to guess the identity of the one you get.

Example:

> S1: Panganay na kapatid ba ni Fred ito?
> S2: Oo.
>   Or: Hindi. Kapatid ni Allen iyan.

2. Identify the family picture of one of your classmates.

Example:

> Nanay ni Fred ito.
> Tatay niya ito.
> Etc.

READING EXERCISE: Read and answer the questions

Sanaysay: Ang Pamilyang   Essay: The Santos Family
Santos

Sa sala ng bahay nila   In the living room of
Fred ay may retrato ng   Fred's house, there is a
kaniyang pamilya.· Nakaupo   portrait of his family.

sa gitna ang lolo at lola ni Fred.· Nasa likod nila ang tatay at nanay ni Fred.· Nasa kaliwa ng nanay niya si Fred.· Nasa kanan ng tatay niya si Mary.· Siya ang ate ni Fred.· Nasa harap si Henry.· Siya ang bunso ng pamilya.· Panganay si Mary.· Siya ang kapatid na babae ni Fred at si Henry naman ang kapatid na lalake niya.·

Seated at the center are Fred's grandmother and grandfather. Behind them are Fred's father and mother. Fred is to his mother's left. To his father's right is Mary. She is Fred's older sister. In front is Henry. He is the family's youngest. Mary is the eldest child. She is Fred's sister while Henry is his brother.

Mary	Tatay	Nanay	Fred
	Lolo	Lola	
		Henry	

Questions

1. May retrato ba sa sala nina Fred?
2. Nasa gitna ba ang tatay at nanay ni Fred?
3. Sino ang nasa likod ng lola at lolo ni Fred?
4. Sino ang nasa kaliwa ng nanay ni Fred?
5. Sino ang nasa kanan ng tatay ni Fred?
6. Si Mary ba ang bunso nila?
7. Sino ang bunso nila?
8. Nasaan si Henry?
9. Ilan ang kapatid ni Fred?
10. Ilan ang pamilyang Santos?

PRONUNCIATION DRILLS

Word Drill

tátay	bunsó'
nánay	mag-ának
lóla	kapatíd na laláke
lólo	kapatíd na babáe
kúya	magúlang
áte	dalága
pangánay	bináta'

Phrase Drill

nasa likod ng mesa
nasa ibabaw ng silya
nasa ilalim ng kama
nasa harap ng salamin
nasa tabi ng pinto

Sentence Drill

Sino ito?
Abogado ba ang tatay niya?
Iyan ang panganay namin.
Kapatid ko siya.
Si Marita Reyes ang nanay ko.

SELF-ASSESSMENT LIST

By the end of this lesson you should be able to:

1. Identify and talk about members of your family.

2. Ask and talk about occupations.

3. Specify locations of objects.

4. Identify parts of and things in the house.

5. Construct *nasaan/nasa* sentences.

Lesson 12

OWNERSHIP

DIALOG: SA "BUS STOP"

Makinig at Intindihin:

ANDY:
Alin ba ang bus natin?   Which one is our bus?

BELEN:
Yung may "signboard"   The one with the number
na numero kuwatro.   four signboard.

ANDY:
O, heto na.   Here it comes.

BELEN:
O, sige, sumakay na   Come on, let's get on
tayo at aalis na.   before it leaves.

ANDY:
Oo nga. Naku, ang   All right. Oh, this bag
bigat naman nitong   is so heavy. Whose is it?
bag. Kanino ba ito?   What's inside?
Ano ba ang laman nito?

BELEN:
Akin iyan. Mga mangga   That's mine. Those are
iyan para sa guro natin   mangoes for our school-
sa eskuwela.   teacher.

Mga Tanong

1. Alin ang bus nila?
2. Ano ang mabigat?
3. Kaninong bag iyon?
4. Ano ang laman ng bag?
5. Para kanino ang mangga?
6. Mga guro ba sina Andy at Belen?

MINI-DIALOGS

1. Identifying possessions: *Alin ang*
   'Which (one)   . . .'.

Vocabulary

papél   paper

bólpen   ballpoint pen

112

pagkáin	food
lápis	pencil
libró	book
kakláse	classmate
kótse	car
kapatíd	brother/sister
kaibígan	friend
asáwa	spouse
bag	(hand)bag
sílya	chair
kuwárto	room
títser	teacher

Practice

Question	Response
Alin ang libro <u>mo</u>?	*<u>Ito</u> ang libro <u>ko</u>.*
ni Daniel?	*Iyan* *niya.*
ng kaklase mo?	*Iyon*

Activities

1. Your teacher asks each of you for small objects you own, saying "Ito ang *lapis* ni Ben," etc. After the things are mixed up in a box, the class must match the objects to individual students by asking "Alin ang relo ni Betty?"

2. Have a contest on who can recall the owners of all or most of the objects in the box.

Grammar Notes

> Possessions and owners in *alin* questions and their responses appear as *ng* phrases or their substitutes. The following gives a summary of the *ng* phrases and *ng* pronouns.
>
> | *Ng* phrase markers | Singular | Plural |
> |---|---|---|
> | Common noun | ng babae | ng mga babae |
> | Personal proper noun | ni Daniel | nina Daniel |

```
┌─────────────────────────────────────────────────────────────┐
│  Ng Pronouns                                                  │
│  First person          ko          namin (excl.)             │
│                                     natin (incl.)            │
│                                                              │
│  Second person         mo          ninyo                     │
│  Third person          niya        nila                      │
└─────────────────────────────────────────────────────────────┘
```

Exercise: Fill in the blanks

1. Alin ang kuwarto _____ (our, inclusive)?
2. ____ ____ libro _____ (our, exclusive)?
3. Ito ang kotse _____ (you, plural).
4. Iyon ang bus _____ (they).
5. Iyan ang pagkain _____ Carlos at Pedro.
6. Alin ang asawa _____ titser?

2. Ownership and possession: *Kaninong . . .*
                              "Whose . . ."

Vocabulary

báyan	town
báhay	house
kámera	camera
tindáhan	store
swéter	sweater
eskuwelahán	school
tsinélas	slippers
sapátos	shoe
péra	money
reló	watch
singsíng	ring
kwintás	necklace
súsi'	key
báon	spending money

Practice

Question   Response

Kaninong kamera ito?   1. *Kamera ko iyan.*
                             (Sa) aking kamera iyan.

                          2. *Iyong kamera iyan.*
                             Inyong

114

3. *Kaniyang kamera iyan.*
   Kanilang
   Kay Ray na kamera iyan.
   Sa kaklase ko iyan.

4. *Kay Ray ang kamerang*
   iyan.
   (Sa) kaniya.

Activities

1. Have a chain drill asking questions about the ownership of objects in the classroom.

    Example:

    S1: Kaninong "tape recorder" ito?
    S2: "Tape recorder" ni Roberto iyan.

    Or: Kay Roberto iyan.

2. Ask questions associating countries with their famous nationals.

    Example:

    Kaninong bayan ang <u>Egypt</u>? (Pilipinas, Hapon, Amerika, Austria, Aleman, Inglatera, etc.)

    Sample responses:
    Bayan ni Sadat ang Egypt.
    Bayan ni Rizal ang Pilipinas.
    Etc.

Grammar Notes

1. Similar to *alin* questions, *kanino* 'whose' questions are answered by *ng* phrases or their substitutes to indicate possession.

2. They can also be answered by *sa* phrases and their substitutes indicating possession. When the possessed object occurs immediately after the *sa* pronoun, the linker *-ng* which signals modification is affixed to the possessive pronoun.

(Sa) + *sa* pronoun + *-ng*	Possessed Object	Gloss
(sa) aki*ng*	lapis	my pencil
(sa) kanila*ng*	tindahan	their store
(sa) kaniya*ng*	kotse	his car

115

The *sa* marker before the *sa* pronoun
is not obligatory in this position.
It is also correct to say *Aking lapis
iyan*, without *sa*.

The following illustrates the complete
sa pronoun set.

Number	Person	*Sa* Pronoun	Gloss
Singular	First	akin	my; mine
	Second	iyo	your; yours (sing.)
	Third	kaniya	his/her; his/hers
Plural	First	amin	our; ours (excl.)
		atin	our; ours (incl.)
	Second	inyo	your; yours (pl.)
	Third	kanila	their; theirs

Kay/kina is used to mark the proper nouns;
sa, the common nouns.

Example:

Kay Ray iyan.   'That's Ray's'.

Kina Ray iyan.   'That's Ray's
                    (and others')'.

CUMULATIVE ACTIVITY

Game: "Kanino . . .?"

Your teacher asks students for small objects.

Teacher: Akin na ang <u>relo</u> mo, Ray.
           (susi, pera, etc.)
           Etc.

After mixing the things up on the table and putting
them in a bag, the teacher takes them out one by one
and pretends to forget the owners of the objects.

Teacher: Nakalimutan ko. Kanino ito?
           Relo mo ba ito, Ray?

Ray: Opo. Relo *ko* iyan or
           Aking relo iyan/ or *Akin* iyan.

If the teacher doesn't guess the right name, the one addressed will supply the name of the true owner.

>Ray: Hindi po. Kay Bob (na relo) po iyan.
>   (or *Relo ni Bob po iyan.*)

If Ray does not give the correct name of the owner, the class or someone in class will give the right answer.

GRAMMAR EXERCISES

1. Supply the missing sentences having *sa* or *ng* pronouns:

    a. Aking lapis iyan.   _____(Lapis ko iyan)_____

    b. Relo mo iyan.   _____

    c. Sa kaniyang pagkain
       ito.   _____

    d. Kotse namin iyan.   _____

    e. Bahay natin ito.   _____

    f. Sa inyong "stereo"
       iyan.   _____

    g. Sa kanilang tindahan
       iyan.   _____

    h. Kay Luis ang sweter
       na ito.   _____

    i. Kina Rosa ang
       eskuwelahang ito.   _____

    j. Baon ko ito.   _____

    k. Pera ng babae ito.   _____

2. Respond to the following *kanino* questions by using the cues in parentheses as the answer.

    a. Kaninong kotse ito? (Alex's car)

       _____Kotse ni Alex iyan_____

    b. Kaninong retrato iyan? (my brother's picture)

       _____

    c. Kaninong iksamen iyon? (my exam)

       _____

    d. Kaninong bahay ito? (Mr. and Mrs. Santiago's house)

       _____

117

PRONUNCIATION DRILLS

Phrase Drill

inyóng lápis   kaniyáng lápis   áting lápis
kaniláng lápis iyóng lápis   áming lápis

Sentence Drill

Kanínong reló itó?
Kaniyáng reló iyán.
Reló niyá iyán.
Alín ang báhay mo?
Itó ang báhay ko.
Áking báhay itó.
Báhay ko itó.

SELF-ASSESSMENT LIST

By the end of this lesson you should be able to:

1. Ask *alin* and *kanino* questions referring to
    ownership.

2. Respond with *ng* or *sa* phrases and their
    substitutes to express possession.

3. Pronounce the /-ng/ sound of linkers.

Lesson 13

EXPRESSING AND INQUIRING ABOUT
LIKES AND DISLIKES

DIALOG: SA MABUHAY RESTAURANT

Makinig at Intindihin:

ANDOY:
Ano ba ang ulam   What's the menu for today?
ngayon?

WEYTRES:
Pansit, lumpiya,   Noodles, *lumpiya*, chicken
adobong manok at baboy, and pork *adobo*, fried
pritong isda, sinigang   fish, tamarind stew, and
at pinakbet po.   *pinakbet*, sir.

ANDOY:
Ah, gusto ko ng adobo   Ah, I want *adobo* and
at pansit.   noodles.

WEYTRES:
Iyon lang ho ba?   Is that all, sir?

ANDOY:
Gusto ko rin ng kanin   I also want rice and
at "coke."   coke.

WEYTRES:
O, heto ho.   Here it is.

ANDOY:
Magkano bang lahat?   How much is it?

WEYTRES:
Singko-singkuwenta po.   Five-fifty, sir.

ANDOY:
Heto ang bayad at   Here's the payment and
"tip" mo.   your tip.

WEYTRES:
Salamat po.   Thank you, sir.

Mga Tanong

1. Ano ang ulam sa restaurant?
2. Ano ang gusto ni Andoy?
3. Magkano ang pagkain ni Andoy?
4. Mura ba o mahal?
5. Nagbigay ba ng "tip" si Andoy?

MINI-DIALOGS

1. Inquiring about likes and dislikes:
    Ano ang gusto/ayaw mo?
    'What do (you) like/dislike'?

    Vocabulary

    Food

úlam	viand, main dish
pagkáin	food
isdá'	fish
gúlay	vegetables
pansít	noodles
balút	duck egg
tinápay	bread
pinyá	pineapple
biskwít	cookies
karné	meat
itlóg	egg
lumpiyá'	spring roll
álak	wine
serbésa	beer
túbig	water
bagoóng	fermented shrimp
ságing	banana
dyús	juice
bibíngka	rice cake
tsokoláte	chocolate
litsón	roasted pig
kéndi	candy
prútas	fruit
mansánas	apple
tórta	omelet
sinangág	fried rice
gátas	milk
kapé	coffee
kánin	steamed rice
tuyó'/dáing	dried fish

Other

regálo	gift
laró'	game
péra	money
sayáw	dance
sigarílyo	cigarette
palabás	show
artísta	actor/actress
tsinélas	slipper
pagkáin	food
sapátos	shoe
kantá	song
kótse	car
mangangantá	singer

Practice

Question	Response
Ano ang gusto mo?	*Gusto ko ng 'leche flan.'*
Anong pagkain ang gusto/ ayaw niya?	*Gusto niya ng karne. Ayaw niya ng isda at gulay.*

Activities

1. Your teacher flashes pictures of food and objects to the class. Students respond with:

   Gusto ko ng ___(mansanas)___ .

   Ayoko ng_____ .

2. Interview one of your classmates and report to the class on that person's likes/dislikes.

   Example:

   > Gusto ni Josie ng pinakbet, pansit at adobo.

   > Ayaw niya ng dinuguan at balut.

   You can focus on movie stars, films, famous persons, sports, music, songs, dances, clothes, cars, cities, places, food, singers, etc.

121

Sample Interview Questions:

a. Anong <u>laro</u> ang gusto mo?   (Gusto ko ng
                                        basketbol.)

  pagkain
  sayaw
  kanta
  kotse
  'subject'
  sine
  palabas sa T.V.
  damit

b. Sinong <u>tao</u> ang gusto mo?

  artista
  artista sa T.V.
  presidente
  manganganta

Repeat the same questions above but use
ayaw instead of *gusto*.

Example:

  Anong laro ang ayaw mo?
  (Ayaw ko ng _____.)

Sample report in class:

Gusto ni Fred ng tenis, adobo, disko,
"Dahil sa Iyo," Porche, "Saturday Night
Fever," "Happy Days," at "jeans."
Ayaw niya ng basketbol, isda, etc.

Gusto niya si Prinsesa Diana, si Richard
Dreyfuss, si Mary Tyler Moore, si Presidente
Kennedy at si Peter Frampton.

Ayaw niya sina _____, _____, at
_____.

Note the use of *sino* 'who' for *ano* when
referring to people.

3. Talk about your likes and dislikes. You can
   talk about games, food, singers, songs, actors
   and actresses, movies.

   a. Using *at* 'and':

      Example:

        Ayoko ng _____, _____, at _____.
        Gusto ko ng _____, _____, at _____.

122

b. Using *pero* 'but' to indicate dislikes:

Example:

Gusto ko ng adobo, pinakbet at
pansit *pero* ayoko ng bagoong.

Ayoko is a contracted form of *ayaw* + *ko*.

4. Using the elements listed below, carry on a
dialog following the *sumayaw/tinikling* pattern.

Example:

Q: Gusto mo bang *sumayaw?*

A: Oo, pero ayaw ko/ayoko ng *tinikling*
   (or another dance).

a. maglaro/sungka
b. kumain/dinuguan
c. manuod ng sine/sineng "x-rated"
d. mag-aral/matematika
e. kumanta/"Dahil sa Iyo"
d. magluto/barbekyu

Grammar Notes

1. *Gusto* and its negative form *ayaw* are
   pseudo-verbs. They are not true verbs
   because they are not inflected for
   aspect. Verbless *gusto/ayaw* sentences
   do not require any *ang* phrases or topic.
   Both the actor and object phrases are
   marked by *ng*. Occasionally, objects are
   introduced by *ang* but actors are always
   introduced by *ng.*

Pseudo-verbs	Actor	Object
Gusto/Ayaw	ko ng bata ni Mrs. Reyes	ng leche flan

Ayoko is a contraction of *ayaw* + *ko*.

2. *Ano* with *gusto* requires the linker *-ng*
   when immediately followed by a noun.
   Note the examples below:

   Ano ⎫
       ⎬ ang gusto mo?
   Ano*ng* pagkain ⎭

123

Exercise: Construct as many *gusto/ayaw* sentences as you can from the following words. Supply the missing particle before the nouns.

Example:

Gusto ng bata ng kendi at "bubble gum."

bata	gusto
kendi at 'bubble gum'	namin
nila	mga lalaki
ayaw	gatas
alak	Rosie
niya	sigarilyo

You can repeat the words but there should be at least one word that makes one sentence different from the rest.

2. Inquiring about what someone said:
    Ano raw? 'What did he/she say'?

    Practice

Question	Response
Ano raw (ang gusto ni Cora/niya?)	*Gusto raw ni Cora/ niya ng Cadillac.*

    Activities

    1. Using pictures or words on flash cards as cues, ask each other questions:

        Example:

        S1: Gusto mo ba ng (adobo)?
        S2: Oo, (gusto ko ng adobo).
        Or: Ayoko, (ayoko ng adobo).

        S3: (to S4, pretending he/she didn't hear what S1 said to S2) Ano raw?

        S4: Gusto/Ayaw raw ni S2 ng adobo.

Grammar Notes

> Indirect statement marker *daw* (or *raw* when it occurs after a vowel sound) means "it was said or heard" or "he/she said." The speaker does not accept responsibility for the truth or creation of the statement. It often occurs after the first word in the sentence.

124

Exercise: Change the following statements to mean "It is said that . . .":

1. Maganda si Maria.
2. Gusto ni Ben ng alak.
3. Malaki ang bahay.
4. Ayaw ng nanay ng utang.
5. Gusto ng tao ng pera.

3. Asking alternative choice questions:
Gusto mo ba ng tsaa o kape?
'Do you want tea or coffee'?

Vocabulary

kéndi	candy
kapé	coffee
tsaá	tea
serbésa	beer
tsokoláte	chocolate
úbas	grape
balút	duck egg
sorbétes	ice cream
matamís	sweet
dyús	juice
kok	coke
pakwán	watermelon
páto	duck
bunó'	wrestling
bóksing	boxing
palabás	show
pábo	turkey
sitsarón	pork rind
butóng pakwán	watermelon seed
milón	melon

Practice

Question	Response
Gusto mo ba ng tsaa o kape?	*(Gusto ko ng) tsaa.* *Salamat.*
Ano ang gusto mo, regalo o pera?	*Regalo (siyempre).* *Ikaw, ano ang gusto mo?*

Activities

1. Ask each other alternative choice questions.
    Example:

    S1 (to S2): Gusto mo ba ng Mercedes
                 Benz o Porsche?

    S2:   Gusto ko ng Porsche. Ikaw,
                 ano ang gusto mo?

    Or: Wala akong gusto. Ikaw?
                 (etc.)

    Other choices

palabas sa sine/T.V.	serbesa/alak
"basketball"/"football"	kendi/tsokolate
"tennis"/"golf"	pato/pabo
buno/boksing	manok/baboy
Brooke Shields/Bo Derek	mani/butong pakwan
John Travolta/Burt Reynolds	pakwan/milon
Volkswagen/Honda	balut/sitsaron
"Coke"/"7-Up"	mangga/ubas

    Note: With proper names, use *si*.

2. Construct your own alternative choice
    questions. Ask about movie stars, pop
    singers, songs, dances, games, brand names
    of cars, clothes, cosmetics, and other
    products.

4. Asking how much: *Magkano . . . ?*
                       'How much . . .'?

Vocabulary

Spanish Numerals

1	*úno*	11	*ónse*
2	*dos*	12	*dóse*
3	*trés*	13	*trése*
4	*kuwátro*	14	*katórse*
5	*síngko*	15	*kínse*
6	*saís*	16	*dise-saís*
7	*siyéte*	17	*dise-siyéte*
8	*ótso*	18	*dise-ótso*
9	*nuwébe*	19	*dise-nuwébe*
10	*diyés*	20	*béynte (bénte)*

25	béynte síngko	50	singkuwénta ('y)
30	trénta ('y)	60	sisénta ('y)
35	trénta 'y síngko	70	siténta ('y)
40	kuwarénta ('y)	80	osténta ('y)
		90	nubénta ('y)

Practice

Question	Response
1. *Magkano ang adobo?*	*Diyes-beynte, (po).*
2. *Magkanong lahat?*	
adobo?	

Activities

1. Counting Drill

   a. Give any number from 1–10. Arrange them in sequence.

   b. Give the missing numbers:

      1. uno, _____

      2. siyete, otso, _____

      3. singko, diyes, _____

      4. beynte-singko, trenta'y singko, _____

      5. dise-otso, _____

      6. onse, _____, trese, _____

      7. kuwatro, sais, _____

      8. singkuwenta, sisenta, _____

      9. tres, _____, nuwebe

   c. Count by 10's: diyes, beynte, _____, etc.

   d. Count by 5's: singko, diyes, _____, etc.

2. How do you say the following prices?

$ 4.10	kuwatro-diyes (dolyar)
₱ 7.55	siyete-singkuwenta'y singko (pesos)
₱10.20	_____
$ 4.05	_____
$ 6.25	sais-beynte singko
₱ 3.75	_____

Grammar Notes

Like *ano*, *magkano* 'how much' requires a
linker when followed immediately by a
noun.

Example:

Magkano*ng* { lahat?
              adobo?

If followed by *ang* no linker is required.

Example:

Magkano ang adobo?

5. Paying the bill: *Heto ang bayad.*
   'Here's the payment'.

Vocabulary

Words

héto	here
báyad	payment

Expressions

Táma ka na.	Enough.
Akó ang magbabáyad.	I'll pay.
Akó namán ngayón.	It's my turn (to pay) now.
Akó ang tayá'.	It's my treat.

Practice

Offer to pay	Response
Heto na ang bayad.	*Hindi, ako ang magbabayad.*
	Tama ka na.
	Ako ang taya.
	O, sige, basta sa susunod ako naman.

Activities

1. Role-play: You and your partner are in a
   jeepney. Pay the fare. Your partner tries
   to stop you, insisting that he pay.

128

2. You and some friends are in the cafeteria. You're the first one to get to the cashier.

3. You and some friends are at the movie house. A friend who is before you in line is trying to buy a ticket for you.

Cultural Notes

In the Philippines, when people go out to eat or go to the movies, the one who invites pays for his/her friends. Sometimes, when acquaintances are on a bus or other means of public transportation, each struggles to pay for the other. This also happens when friends are having snacks in cafeterias or restaurants.

DIALOG VARIATION

1. Perform the following dialog by choosing one line from several choices.

Scene I: Sa Opisina

A: *Halika, _____ tayo.*   Come, let's_____.

mag-"break"	have a break
mag-almusal	have breakfast
magmerienda	have a snack
mananghalian	have lunch
maghapunan	have supper

B: *O sige, tena.*   Okay. Let's go.

Scene II: Sa Kapetirya

A: *Ano ang gusto mo?/*   What will you have?
   Ano ang gusto mong   What do you want to eat?
   kainin?
B: *Gusto ko ng_____,* I'd like _____.

kapé at "cake"	coffee and cake.
tsampurádo at tuyó'	chocolate-porridge and dried fish
aroskáldo	chicken-rice soup
sinangág at isdá'	fried rice and fish
prítong itlóg	fried eggs
tinápay	bread
tórta	omelet
gátas	milk
tsokoláte	chocolate
gúlay	vegetables
sópas	soup

129

léche flán	custard
bibíngka	rice cake
kánin	rice
adóbo	"adobo"
lumpiyá'	spring roll
pansít	noodle
litsón	roasted pig

A: *Gusto ko ng* _____ ,   I'd like_____ ,
   _____ , *at* _____ .   _____ , and _____ .
        Ako rin.

Note: Be sure the food chosen fits the type of
meal. Add to the list above if necessary. How
will you end this dialog?

2.   Using "Sa Mabuhay Restaurant" as a model, order a
     meal in your favorite restaurant. Have a class-
     mate perform the role of waiter.

WRITING EXERCISE

Write about your likes and dislikes with regard to
food, people, pets, games, plants, buildings, places,
etc.

PRONUNCIATION DRILL

Sound drill

  Unaspirated Stops: /p/, /t/, /k/

páto	*karné*
pábo	*tuyó'*
pinakbét	*tsampurádo*

  /ts/ sound

Initial	Medial
tsampurádo	*litsón*
tsokoláte	*sitsarón*

  Final /'/

bunó'	*tuyó'*	*isdá'*

130

SELF-ASSESSMENT LIST

By the end of this lesson you should be able to:

1. Talk about your and others' likes and dislikes, especially with regard to food, recreation, songs, movies, dances, and well-known personalities, by using *gusto/ayaw*.

2. Order a meal in a restaurant.

3. Use Spanish numerals for prices.

Lesson 14

MAKING REQUESTS AND GIVING COMMANDS

DIALOG: PAKI NGA

Makinig at Intindihin:

MALOU:
Pakiabot nga ng ketsup, Bob.

Please pass the catsup, Bob.

BOB:
Heto.

Here it is.

MALOU:
Salamat. At saka yung asin.

Thanks. And the salt, too.

BOB:
Eto.

Here it is.

MALOU:
Salamat. Paki-urong ang plato mo at wala na akong lugar. Nasaan ang paminta?

Thanks. Will you please move your plate as I don't have any more space. Where's the pepper?

BOB:
Eto.

Here it is.

MALOU:
Salamat. Pakilagay itong tinapay diyan.

Thanks. Will you please put the bread there?

BOB:
Malou! Hindi na ako makasubo! Ano ka ba!

Malou! I can't feed my-self anymore! What's the matter with you?

Mga Tanong

1. Ano ang kinakain nina Bob at Malou, almusal o tanghalian?

2. Anu-ano ang hiningi ni Malou?

3. Nagalit ba si Bob? Bakit?

MINI-DIALOGS

1. Making requests: *Pakiabot nga ng . . . .*
'Please pass the . . . .'

132

Vocabulary

Almusál (Breakfast)

kapé	coffee
asúkal	sugar
mantekílya	butter; margarine
késo	cheese
tsokoláte	chocolate
tinápay	bread
itlóg	egg
gátas	milk
dyús	juice

Tanghalían (Lunch)

sánwits	sandwich
sópas	soup
kánin	boiled rice
gátas	milk
kapé	coffee
ensaláda	salad
túbig	water
úlam	dish; viand

Hapúnan (Dinner)

kánin	boiled rice
úlam	dish; viand
túbig	water
sópas	soup
matamís	dessert; sweets

Practice

Request	Response
Pakiabot nga ng asin.	*(H)eto.*
Pakiabot mo nga ang asin.	
Salamat.	*Walang anuman.*

Activities

1. Identify names of food from pictures or illustrations.

2. Do a chain-drill following this sequence:

S1: Pakiabot mo nga ang *asin*.
S2: Heto.
S3: Salamat.
S4: Walang anuman.

(Substitute *toyo, asukal, kape, dyus, tubig, kanin*, etc. for *asin*.)

Grammar Notes

The request form *paki-*

The verbal prefix *paki-* and the particle *nga* denote a request roughly equivalent to 'please' in English. The topic or focus of a *paki-* verb may be any semantic element other than the actor, such as the object or goal. This topic is marked by *ang*. The actor of a *paki-* verb on the other hand, is always in a non-focus relation with the verb. Hence, the actor is denoted by *ng* pronouns.

Examples:

Comment			Topic
Goal-focus Verb	+ Actor	+	Goal
Pakiabot	mo (nga) / (nga) ninyo		ang libro.

Note the occurrence of *mo* before *nga* and *ninyo* after *nga*. (Compare with *ka ba* and *ba kayo*.) Requests of this form are usually said with a rising intonation.

---

2. Giving commands: *Kunin mo . . .*   'Get . . .'

Vocabulary

kaínin	eat
lutúin	cook
inumín	drink
kúnin	get
bilhín	buy
basáhin	read
burahín	erase
búkas .	tomorrow

kópyahin	copy
sa (Linggó, Sábado	this Sunday, Saturday
mamayá(-ng) hápon,	this afternoon, this
gabí	evening/tonight

Practice

Command	Action
Burahin mo ang pisara.	*(Erases blackboard)*

Activities

You give the instructions. Your teacher will
cue you in English.

Example:

    T (to S1):   Tell the class to get their books.
    S1:   Kunin ninyo ang libro ninyo.

Grammar Notes

Commands using *-in* verbs

Like *paki-*, the *-in* verbal affix indicates
that the object of the sentence is in focus.
Note the use of the topic marker *ang* before
the object or goal and the corresponding *ng*
pronoun form of the non-focused actor in
the sentences below.

Examples:

In- verb	+	Actor	+	Goal
Linisin		mo		ang pisara.
Kunin		ninyo		ang libro.

The command forms of most verbs in this
lesson are formed by adding the suffix *-in*
to the word base, e.g., *linis + in =
linísin, lúto + in = lutúin*. Note that
-in is affixed to word bases ending in
consonants, which includes the glottal
stop (').

In certain environments, the affix *-in* or
the word base + *-in* take alternate forms.

a. When *-in* follows a vowel sound, *-in*
     becomes *-hin.*

135

Examples:

bása + *in* = basáhin
kópya + *in* = kópyahin

b. In most cases, the word base stress
shifts to the next syllable after -*in*
or -*hin* is affixed. This can be
noted in the preceding examples except
in the word *kópyahin*, which is a Spanish
borrowing.

c. There are some word bases that drop their
final vowels when the -*hin* is affixed.

Examples:

bilí + *in* = bilihín → bilhín
dalá + *in* = dalahín → dalhín

d. Another modified form is exemplified by
the verb stem *kúnin*. This form is derived
from *kúha* + *in* which by rule (a) is
kuháhin. Rule (c) deletes the vowel *a*,
hh becomes *h*, and possibly *h* is influenced
by the final *n* resulting in *kúnin*.

Exercises:

1. Use the following words in sentences. Add
the suffix -*in*.

   a. kain/mangga   Kainin mo ang mangga.
   b. luto/ulam   _____
   c. inom/kape   _____
   d. kuha/relo   _____
   e. kopya/sulat   _____
   f. bili/singsing   _____

Note that -*in* verbs have objects as subjects.

2. Expand the model sentences by adding the
cues given:

   a. Basahin mo ang libro sa aklatan mamayang
   gabi.

   (book, library, tonight)

   b. Kunin ninyo _____

   (paper, dormitory, this afternoon)

c. Bilhin mo _____
   (necklace, store, Ala Moana, tomorrow)

d. Lutuin ninyo _____
   (food, cafeteria, Saturday)

3. Giving commands: *Itapon mo ang basura.*
                    'Throw away the garbage'.

Vocabulary

ibukás (or *buksán*)	open
isará (or *sarhán*)	close
ilagáy	place; put
itúro'	teach; point
ilabás	take out
ibabá'	take down; put down
ibigáy	give
isaúli'	return
isúlat	write
itápon	throw away
itaás	take up; elevate

Practice

Command	Action
Ilagay mo ang lapis sa mesa.	(Places pencil on table)

Activities

1. Follow the instructions given by your teacher:

   a. Ilabas ang libro.

   b. Ibukas ang libro.

   c. Isara ang libro.

   d. Ituro ang libro.

   e. Ibigay ang libro sa katabi.

   f. Isauli ang libro.

   g. Ilagay ang libro sa mesa.

2. Take the role of the teacher and tell the class what to do, using *i-* verbs.

3. Give orders to another student without using
   paki. The student does not move. He/she
   follows your order only if you say *paki-* (+
   nga). Change your command to a request. Use
   the cues given below.

   Example:

   > *Burahin* mo ang pisara! (Student does not
   >   move.)

   > *Pakibura* mo *nga* ang pisara. (Student erases
   >   board.)

   a. Kunin/lapis

   b. Itapon/papel

   c. Isulat/pangalan mo

   d. Kopyahin/"title" ng libro

   e. Basahin/nasa pisara

   f. Linisin/mesa

   g. Dalhin/libro sa guro

   h. Ilagay/bolpen sa silya ko

   i. Ibukas/pinto

   j. Ibigay/bag ng guro sa akin

   k. Ituro/ilong mo

   l. Itaas/kaliwang kamay

Grammar Notes.

> The affix *i-* also focuses on the goal/
> object as seen in the following examples:
>
> > *I*bukas mo ang bintana.
> > Gusto kong *i*sara ang radyo.
> > Ayaw mo bang *i*bukas ang pinto?
>
> There are generally fewer verbs that have
> *i-* as a goal focus marker than those that
> have *-in*.

4. Giving negative commands: *Huwag.* . . .
                              'Don't . . .'

Practice

Negative Command	Response
1. *Huwag mong inumin ang kape.*	(Stops drinking coffee.)
2. *Huwag kang uminom ng kape.*	

Activities

Your teacher gives a series of instructions.
The class acts out the commands. If "huwag"
is heard, the class does not act out the
command.

Examples:

> Inumin ninyo ang gatas.
> Huwag ninyong kunin ang lapis.
> Kanin ninyo ang pinya.
> Huwag ninyong basahin ang libro.
> Kopyahin ninyo ang leksiyon.
> Ituro mo ang bahay niya.
> Huwag mong ibigay ang pera.

Grammar Notes

Negative Commands

Huwag instead of *hindi* is used for negative
commands.

$$\text{Huwag} + \begin{Bmatrix} i- \\ -in \end{Bmatrix} \text{ verbs}$$

Huwag, when occurring with *-in/i-* verbs,
requires the use of the linker *-ng* suffixed
to the *ng* pronoun actor.

Positive Command

-In/I- verbs	+	*Ng* pronoun	+	Object
Itapon		mo		ang tubig.
Inumin		ninyo		ang gatas.

```
┌─────────────────────────────────────────────────────────┐
│  Negative Command                                         │
│  ┌───────────────────────────────────────────────────┐   │
│  │            Ng pronoun +                             │   │
│  │ Huwag + linker  -ng    + -In/I- verb + Object       │   │
│  ├───────────────────────────────────────────────────┤   │
│  │ Huwag   mong          itapon      ang tubig.        │   │
│  │ Huwag   ninyong       inumin      ang gatas.        │   │
│  └───────────────────────────────────────────────────┘   │
│                                                           │
│  It is important to note the inversion of the             │
│  position of the pronoun and the verb in the              │
│  negative command.                                        │
└─────────────────────────────────────────────────────────┘
```

Exercise: Convert the following commands to
their negative forms:

 1. Lutuin mo ang ulam.   _____

 2. Kunin mo ang silya.   _____

 3. Basahin mo ang sulat.   _____

 4. Kopyahin mo ang leksiyon.   _____

 5. Linisin ninyo ang silid.   _____

 6. Bilhin ninyo ang tabako.   _____

 7. Kainin ninyo ang tinapay.   _____

 8. Inumin ninyo ang tubig.   _____

 9. Isauli mo ang libro sa kaniya.   _____

10. Ibigay mo ang pera sa kaniya.   _____

11. Ilagay mo ang pagkain sa mesa.   _____

12. Itapon mo ang basura sa basurahan. _____

```
┌─────────────────────────────────────────────────────────┐
│              Huwag + -Um- verbs                           │
│                                                           │
│  The second person ang pronoun actor also takes           │
│  the linker -ng when occurring between huwag               │
│  and the -um- verb.                                        │
│                                                           │
│  Positive Command                                         │
│                                                           │
│  -Um- verb        +      Ang pronoun                      │
│  Tumayo                   ka.                              │
│                                                           │
│  Negative Command                                         │
│  Huwag + Ang pronoun + linker -ng   +   -Um- verb         │
│  Huwag     kang                          tumayo.          │
└─────────────────────────────────────────────────────────┘
```

DIALOG VARIATION

Play host to a classmate you have invited for dinner
and offer him/her the food you have cooked.

CUMULATIVE ACTIVITIES

1. Follow your teacher's commands.

(to the class)
Kunin ang libro.	Take the book.
Ibukas ang libro sa pahina tres.	Open the book to page 3.
Kopyahin ang pangungusap.	Copy the sentence.
Gamitin ang lapis.	Use (your) pencils.

(to S1)
Tumayo ka.	Stand up.
Isulat ang pangungusap sa pisara.	Write the sentence on the board.
Umupo ka.	Sit down.

(to S2)
Basahin ang pangungusap.	Read the sentence.

(to S3)
Burahin ang pangungusap.	Erase the sentence.

(to S4)
Tanungin mo si Ben.	Ask Ben (a question).

(to Ben)
Ben, sagutin mo siya.	Ben, answer him/her.

(to S5)
Kolektahin ang mga papel.	Collect the papers.
Ilagay sa mesa.	Place them on the table.

(to the class)
Tumayo kayo.	Stand up.
Hilahin ang silya.	Pull the chairs.
Ayusin ang silya.	Arrange the chairs.
Umupo kayo.	Sit down.

2. Play the game "Sabi ni Simon" (see p. 97 for directions). Divide yourselves into two groups, and construct commands that are difficult to follow.

Sample Commands:

Itaas ninyo ang kamay ninyo.
Itaas ninyo ang kanang kamay ninyo.
Itaas ninyo ang kaliwang kamay ninyo.
Tumayo kayo sa silya.
Ilagay ninyo ang libro sa "desk" sa tabi ng
    bintana.
Itapon ninyo ang papel sa basurahan.
Huwag kunin ang bolpen ng katabi ninyo.
Isara ninyo ang bintana sa kaliwa ninyo.
Ituro ninyo ang pisara sa likod ninyo.

If you hear *huwag*, do not perform the command.
The team with the most students left at the end
is the winner.

3. Write three commands on a piece of paper using
    -in, -um-, and *i-* verbs if possible.

    Examples:

        Kunin mo ang libro.
        Ibukas mo ang libro.
        Isara mo ang libro.

    Exchange pieces of paper and perform the commands
    given.

4. Game: "Command Performance"

    Two groups prepare a series of commands based on
    what has been reviewed in class. The groups
    alternate in giving commands to each other. The
    one that is able to perform the most commands
    wins. Some complicated commands may be given,
    such as: "Kunin mo ang libro mo, ilagay sa ulo,
    at tumalon ka."

READING EXERCISE: Read and answer the questions

Kaarawan ng nanay ni Clarita. Kinumbida ni Clarita si Bill sa handaan sa kanila. Kaibigan ni Clarita si Bill. Gusto ni Claritang kumain si Bill ng marami. Kumakain na sila ng matamis.	It's the birthday of Clarita's mother. Clarita has invited Bill to a party at their house. Bill is Clarita's friend. Clarita wants Bill to eat a lot. They are already having dessert.

CLARITA:
    Marami ka bang kinain?   Did you eat a lot?

BILL:
    Oo. Busog na busog ako.   Yes. I'm quite full.

142

CLARITA:
> *Natikman mo na ba*
> *ang bibingka?*

Have you tasted the rice cake?

BILL:
> *Oo, salamat.*
> *Masarap.*

Yes, thanks. It was delicious.

CLARITA: *
> *Gusto mo pa ba ng*
> *tubig?*

Do you want some more water?

BILL:
> *Hinda na. Salamat.*

No. Thank you.

1. Sino ang may kaarawan?
2. Sino ang kinumbida ni Clarita?
3. Kapatid ba ni Clarita si Bill?
4. Nasaan sila?
5. Ayaw ba ni Claritang kumain ng marami si Bill?
6. Ano ang kinakain nila?
7. Gutom pa ba si Bill?
8. Ano ang gusto niyang kainin?
9. Masarap ba ang bibingka?
10. Ano pa ang gusto ni Bill?

PRONUNICATION DRILLS

Word Drill

-in		*-hin*	
inóm	inumín	a. híla	hiláhin
káin	kaínin/kánin	burá	burahín
lúto'	lutúin	kópya	kópyahin
abót	abutín	bása	basáhin
úlit	ulítin	kolékta	kolektahín
tanóng	tanungín	b. bilí	bilihín/bilhín
áyos	ayúsin	c. kúha	kúnin

Phrase and sentence drill

a. Pakiabot mó.
   Pakiabot mó ang libró.
   Pakiabot mó ang libró sa mésa.

b. Inumin mó.
   Inumin mó ang túbig.
   Huwag mong inumín ang túbig.

c. Itápon mo.
   Itápon mo ang basura.
   Itápon mó ang basúra sa basurahán.
   Huwag mong itápon ang basúra sa basurahán.

SELF-ASSESSMENT LIST

By the end of the lesson you should be able to:

1. Use *paki* + verb to express requests.
2. Act out and give simple class instructions using *-in* /*i-* verbs.
3. Form *-in*/*i-* verbs from base (or root) forms.
4. Follow and give negative commands by using *huwag*.
5. Attach the linker *-ng* to the right word in *huwag* sentences.
6. Pronounce *-in* verbs and the variant (*-hin*) as well as the required shift in stress where necessary.

Lesson 15

EXPRESSING THE DESIRABILITY OR UNDESIRABILITY
OF SOME ACTIVITIES

DIALOG: ANG KARNABAL

Makinig at Intindihin:

ARNOLD:
Gusto mo bang magpasyal sa karnabal?	Would you like to go to the carnival?

BARBARA:
Ayoko, marami akong trabaho.	No, thanks. I have a lot of work to do.

ARNOLD:
Sige na. Maraming palabas doon.	Come on. There are a lot of shows there.

BARBARA
Sori na lang. Talagang hindi ako puwede. Bisingbisi ako.	Sorry. I really can't. I'm very busy.

ARNOLD:
Sige, ha, ganyan ka pala. Ayoko na sa iyo.	Oh, that's how you always are. I don't like you anymore.

Mga Tanong

1. Sino ang gustong magpasyal sa karnabal?
2. Gusto bang sumama ni Barbara? Bakit?
3. Bakit sinabi ni Arnold na ayaw na niya kay Barbara?

MINI-DIALOGS

1. What someone wants or does not want to do:
Gusto/ayaw kong lumangoy	'I want/don't want to swim'.

   Vocabulary

   -Um- verbs

uminóm	to drink	*umupó'*	to sit
kumáin	to eat	*tumayó'*	to stand

bumílang	to count	*lumabás*	to go out
kumantá	to sing	*pumások*	to enter
lumákad	to walk	*bumása*	to read
tumakbó	to run	*sumayáw*	to dance
umalís	to leave		

Practice

Question

Ano ang gusto/ayaw mong gawin?

Response

Gusto kong <u>lumangoy</u>.
                magpasyal.
Ayokong   *matulog.*

Activities

Ask a classmate what he/she wants to do that very instant.

Example:

S1: Ano ang gusto mong gawin?
S2: Gusto kong uminom ng malamig na "coke."

2. Asking what someone wants or does not want to do:
Gusto/Ayaw mo bang pumunta sa tabing-dagat?
'Do/Don't you want to go to the beach'?

Vocabulary

Mag - verbs

maglínis	to clean
maglabá	to wash
maglaró'	to play
magtúro'	to teach
magsalitá'	to speak
magpasyál	to take a walk
maglúto'	to cook
mag-áral	to study
magtrabáho	to work
magténis	to play tennis

Ma- verbs

manoód	to watch
matúlog	to sleep

146

makiníg	to listen
malígo'	to take a shower/bathe
matúto	to learn

Practice

Question	Response
Gusto/Ayaw mo bang kumain ng balut?	1. *Oo, (gusto kong kumain ng balut).*
	2. *Ayoko. (Ayokong kumain ng balut.)*

Activities

1. Interview your classmates and ask them whether they like certain activities. They must answer truthfully.

   Example:

   > S1: Gusto mo bang lumangoy?
   > S2: Ayoko. (Ayokong lumangoy.)

   After the interview, report to the class what the interviewee wants or does not want to do:

   Example

   > Gusto ni S1 *magtenis*, etc.
   > Pero ayaw niyang *lumangoy*, etc.

2. Ask members of the class to give extended answers.

   Example:

   > S1 (to S2): Anu-ano ang gusto mong gawin?
   >
   > S2: Gusto kong kumain, sumayaw, magpasyal at matulog.
   >
   > S2 (to S3): Anu-ano ang ayaw mong gawin?
   >
   > S3: Ayokong tumakbo, maglaba, at mag-aral.

Grammar Notes

> *Gusto* may occur with another verb, the latter being in the infinitive form, for example, *bumasa, magluto, matulog*. The linker *na* or *-ng* always occurs between this verb and the word that precedes it.
>
> As in *gusto* sentences, the verb that follows *ayaw* is in its infinitive form. The linker

na/-ng also occurs between the verb and the word that precedes it. *Na* is often dropped. Note the position of *ba* in the sentences below.

Pseudo-verb	ba	Ng-construction (Actor)	ba	Infinitive Form	Non-Actor Complement
Gusto/ Ayaw	—	kong	—	lumangoy.	—
	—	ng batang	—	maligo.	—
	ba	{ ni Pedrong	—	mag-aral.	—
		nina Bert }	—	maglaro	ng tenis.
	—	mo	bang	magpasyal	sa karnabal.

Note that in the *gusto/ayaw* sentences with actor-focus verbs (*-um-*, *mag-*, *ma-*) above, no phrase is marked as the topic (or subject). Note too that the linker *-ng* appears between the *ng* phrase or the *ng* pronoun and the verb.

Exercises:

1. Write *gusto/ayaw* sentences using the cues below.

   a. you/swim
   b. he/eat/shrimp
   c. you (pl.)/not/work
   d. we (excl.)/watch/T.V.
   e. they/read/novel
   f. child/go/carnival
   g. woman/buy/house
   h. Pedro/drink/beer

2. Expand the following sentences by adding objects and/or *sa* phrases.

   a. Gusto kong kumain ng _____.

      Ayaw _____.

   b. (uminom)

      Gusto _____

      Ayaw _____

148

c. (bumasa)

Gusto _____

Ayaw _____

d. (pumunta/sa)

Gusto _____

Ayaw _____

e. (maglaro)

Gusto _____

Ayaw _____

DIALOG VARIATION

Using the dialog "Ang Karnabal" as a model, make your
own variations by filling in the blanks below. Then
role-play the completed dialog with your partner.

A: Gusto mo bang _____ ?

B: Ayoko _____ .

A: Sige na. _____ .

B: _____ .

A: Sige ha, ganyan ka pala.

_____ .

These lines can be extended with A trying hard to
persuade B to go and B giving all sorts of reasons
why she/he shouldn't go.

Other expressions that can be used are:

B: *Hindi puwede, kasi may iksamen ako.*
                        darating ang lola ko.
                        may "report" ako.

I can't because I have an exam.
                my grandmother is coming.
                I have a report to do.

A: *Sige na, pag hindi ka sumama, galit tayo.*
                                hindi na kita
                                kakausapin.
                                huwag mo na akong
                                isama sa lakad
                                mo.

Okay, if you don't go, we're enemies.
                       I won't speak to you again.
                       don't take me with you when
                       you go out.

149

CUMULATIVE ACTIVITY

In not more than five sentences, talk about your favorite friend and his/her likes and dislikes.

Example:

_____ ang pangalan niya. _____ ko siya. _____ taon na siya. Nakatira siya sa _____. Nag-aaral siya sa _____. Gusto niyang _____, _____, _____ at _____. Pero ayaw niyang _____, _____, at _____.

VOCABULARY EXERCISE

With stick figures serving as cues, make sentences like the following:

Cue   Sentence

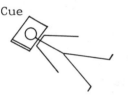   Gusto niyang matulog.

WRITING EXERCISES

1. Make a list of twenty things in life that you want to do or enjoy doing.

2. Make a list of things you dislike doing.

3. Write to a pen pal. Introduce yourself and talk about your likes and dislikes. Ask questions about his/her own likes and dislikes.

PRONUNCIATION DRILLS

Sentence Drill

Anóng gústo mong gawín?
Anóng gustó ni Feng gawin?
Anóng gustó niyáng gawín?
Anóng gustó niláng gawín?
Anóng gustó niláng gawín?
Anóng gustó ni Bob (na) gawín?

Expansion Drill

Gustó ni Pédrong matúlog.
Gustó ni Pédrong matúlog at kumáin.
Gustó ni Pédrong matúlog, kumáin, at magpasyál.

Áyaw niyáng maglúto.
Áyaw niyáng maglúto' at maglínis.
Áyaw niyáng maglúto', maglínis, at maglabá.

SELF-ASSESSMENT LIST

By the end of this lesson you should be able to:

1. Respond to the question *Ano ang gusto/ayaw mo*
    with *gusto/ayaw* sentences having *-um-*, *mag-*,
    and *ma-* verbs.

2. Express what someone likes or dislikes doing
    using the verbs learned with *gusto/ayaw*.

3. Use *ba* questions having *gusto/ayaw* sentences
    with the right phrasing.

Lesson 16

EXPRESSING WHAT ONE WANTS OR
DOESN'T WANT TO DO WITH SOMETHING

DIALOG: ANG "PARTY"

Makinig at Intindihin:

ROSA:

Mario, gusto kong hiramin ang mga plaka mo. Puwede ba?

Mario, I'd like to borrow your records. Is it all right with you?

MARIO:

Oo, basta ikaw. Bakit?

Sure, as long as it's you. Why?

ROSA:

Gusto naming mag- "party" sa Sabado. Gusto mo bang pumunta?

We want to have a party on Saturday. Would you like to come?

MARIO:

Hindi puwede. May trabaho ako.

I can't. I have work to do.

ROSA:

Pahiram ng "records." Isasauli ko sa Linggo.

Lend me your records. I'll return them on Sunday.

MARIO:

Sige. Kunin mo sa bahay.

Sure. Pick them up at home.

ROSA:

Ilagay mo sa kahon, ha?

Put them in a box, please.

Mga Tanong

1. Ano ang gustong hiramin ni Rosa?
2. Nagpahiram ba si Mario?
3. Sino ang gustong mag-"party"?
4. Pupunta ba si Mario? Bakit?
5. Kailan ang "party"?
6. Saan kukunin ang plaka?
7. Kailan isasauli ang plaka?

152

MINI-DIALOGS

1. What one wants to do with something:
   Gusto/Ayaw kong (*-in* verb) (*ang* object)
   'I want/don't want to (verb) (object)'

   Vocabulary

nobéla	novel
tiniklíng	bamboo dance
Lerón-Lerón Sintá	title of a native song
mágasin	magazine
sungká'	a native game played with stones and a board
kapóte	raincoat
gamót	medicine
diyáryo	newspaper
siklót	a native game
kómiks	comics

   Practice

Question	Response
Ano ang gusto mong gawin?	*Gusto kong kunin ang diyaryo.*

Request	Response
Kunin mo nga ang diyaryo.	*Ayoko. (Ayokong kunin ang diyaryo.)*

   Activities

   1. Answer the following questions. Do not be limited by the cues given.

      a. Ano ang gusto mong sayawin?

      Gusto kong sayawin ang disko (*or* tinikling, balse, etc.) at hula.

      b. Ano ang gusto mong kainin?
      (adobo, pansit, lumpiya, sinigang)

      c. Ano ang gusto mong laruin?
      (tenis, sungka, siklot, basketbol)

      d. Ano ang gusto mong bilhin?
      (sapatos, damit, T-shirt, libro)

e. Ano ang gusto mong lutuin?
   (aroskaldo, tsampurado, leche flan)

f. Ano ang gusto mong inumin?
   (dyus, gatas, kape, tsaa)

g. Ano ang gusto mong basahin?
   (nobela, diyaryo, magasin, komiks)

2. Ask and answer *ayaw* questions:
   Example:

   S1: Ano ang ayaw mong kainin?
   S2: Ayokong kainin ang isda.

Grammar Notes

> *Gusto* requires a goal topic when an *-in*
> verb occurs in the sentence. The *-in* verb
> is a goal focusing verb; i.e., the object
> of the verb is "in focus" or is the topic
> of the sentence. The topic is then marked
> by *ang*. The following examples illustrate.

Pseudo-verb	Actor	-*In* Verb	Object
	kong	inumin	ang gatas
Gusto	ni Rosa*ng*	hiramin	ang plaka
	ng lalaki*ng*	bilhin	ang kotse
Ayaw	mo ba*ng*	kunin	ang libro?

Exercise: Using the cues, construct sentences
answering the question, "What do you want to do
with the following?"

Cue	Sentence
prutas	Gusto kong *kainin* ang prutas.
gamot	
sayaw	
kotse	
nobela	
sorbetes	
tenis	
tinikling	
Dahil sa Iyo	

154

CUMULATIVE ACTIVITIES

1. Using the following dialog as your model, describe
    how to cook your favorite recipe.

    Magluto Tayo!

    A: Gusto kong lutuin ang <u>gulay</u> (isda/karne/
        manok).

    B: O sige, magluto tayo ng _____.

    A: Turuan mo ako.

    B: (Describe how to cook the recipe by
        using some of the following verbs. Ask
        your teacher for other verbs used for cooking
        that you may need.)

hugásan	wash	*ipríto*	fry
talúpan	peel	*ilága*	boil
hiwáin	slice/cut	*igisá*	sauté
pitpitín	crush		

WRITING EXERCISE

Write your answers to the following questions. Give
at least three answers for each question.

Examples:

    Ano ang gusto mong laruin?
    Gusto kong laruin ang tenis, "pool," at basketbol.

    Ano ang ayaw mong laruin?
    Ayaw kong laruin ang "volleyball," "baseball,"
    at "football."

1. Ano ang gusto/ayaw mong kainin?

2. Ano ang gusto/ayaw mong basahin?

3. Ano ang gusto/ayaw mong inumin?

PRONUNCIATION DRILLS

Word/Phrase Drill

kong	mo pa báng
ng laláking	po ba ninyóng
ni Rósang	na po ba ninyóng
mo báng	ayokóng

Expansion Drill

a. Gustó
   Gustó kóng
   Gustó kóng bílhin
   Gustó kóng bílhin ang damít.

b. Áyaw
   Áyaw niyáng
   Áyaw niyáng kánin
   Áyaw niyáng kánin ang bagoóng.

c. Gustó
   Gustó ba
   Gustó ba niyáng
   Gustó ba niyáng kúnin
   Gustó ba niyáng kúnin ang pláka?

SELF-ASSESSMENT LIST

By the end of this lesson you should be able to:

1. Expand *ano* questions.

2. Attach the linker -*ng* to the right word in
   Gusto/Ayaw/Huwag sentences.

3. Expand *gusto/ayaw* sentences to include -*in* verbs
   followed by *ang* objects.

Lesson 17

TELLING TIME

DIALOG: ANONG ORAS NA?

Makinig at Intindihin:

ANA:
    Anong oras na?   What time is it?

JOHN:
    Alas otso.   Eight o'clock.

ANA:
    Naku, huli na tayo!   Gosh, we're late!

JOHN:
    Hindi, maaga pa.   No, it's still early.
    Wala tayong klase   Our English class won't
    sa Ingles ngayon.   meet today.

ANA:
    Ah, oo nga pala.   Oh, that's right. Mr.
    Wala si G. Santos.   Santos isn't around.

    Mga Tanong

    1. Sino ang nagtanong ng oras?
    2. Anong oras na?
    3. Huli na ba si Ana?
    4. Bakit?
    5. Bakit kaya wala si G. Santos?

MINI-DIALOGS

1. Asking what time it is:
    Anong oras na?   'What time is it'?

Vocabulary

1:00	*alá úna*	7:00	*alás siyéte*
2:00	*alás dos*	8:00	*alás ótso*
3:00	*alás tres*	9:00	*alás nuwébe*
4:00	*alás kuwátro*	10:00	*alás diyés*
5:00	*alás síngko*	11:00	*alás ónse*
6:00	*alás saís*	12:00	*alás dóse*

Practice

Using a model clock with hands that can be moved about:

Question

Response

Anong oras na

Alas dos na.

(Clock hands point to 2:00 o'clock)

Activities

Using the model clock, move the hands around and have your classmates give the time on the hour.

Cultural Notes

The Spanish number system is standard usage for telling time in the Philippines. The time marker *alas* is used before each hour except for one o'clock, where the form is *ala*. If the Tagalog numbers are used, as they are on certain formal occasions, time is indicated by the marker *ika* before the number, just like in telling dates. This form, however, cannot express any precise time beyond the hour and half-hour readings without resorting to compounding like *ika-isa at dalawampung sandali* for 1:20. Literally, 'it is one o'clock and 20 minutes'.

2. Talking about time schedules:
Anong oras ang Ingles?
'What time is our English [class]'?

Vocabulary

matemátika	mathematics
sikolohiyá	psychology
aghám	science
Inglés	English

Practice

Question

Response

Anong oras ang klase (mo) sa agham?

Alas diyes (ng umaga, hapon.)

1. Talk about the time schedule of your classes.
   Examples:

   Tuwing Lunes,
   alas diyes ng umaga ang klase ko sa
   agham.

   ala una'y medya ng hapon ang klase
   ko sa Tagalog.

   etc.

   Tuwing Martes at Huwebes,

   alas otso ng umaga ang klase ko sa
   Ingles.

   alas dose ng tanghali ang klase ko
   sa "Math."

   etc.

2. Ask your partner the following questions, and
   report the information you get to the class.

   Anong oras ang <u>pasok</u> mo?
                    uwi
                    trabaho
                    tanghalian
                    almusal
                    hapunan
                    meryenda
                    gising
                    tulog

3. Telling exact time:
   Alas dose y medya na ba?
   'Is it 12:30 already'?

   Vocabulary

y medya	and half
menos	minus, less
menos kuwarto/ *kinse para* *ala una*	15 minutes before one o'clock
hindi/wala pa	not yet/ not (here) yet
13 *trése*	18 *disiótso*
14 *katórse*	19 *disinuwébe*
15 *kínse*	20 *béynte*
16 *disisaís*	21 *beynte-unó*
17 *disisiyéte*	22 *beynte-dós*

23	beynte-trés	40	kuwarénta
30	trénta	50	singkuwénta
31	trentay-úno	60	sisénta
32	trentay-dós		

Practice

Question	Response
Alas dos y medya na ba?	1. *Oo. (Alas dos y medya na).*
	2. *Hindi pa. (Wala pang alas dos y medya.)*

Activities

Using the model clock, ask your classmates to tell the time on the half-hour and then the exact time.

1.	1:30 _____	6.	10:37 _____
2.	6:30 _____	7.	9:39 _____
3.	7:30 _____	8.	7:45 _____
4.	12:30 _____	9.	2:42 _____
5.	8:30 _____	10.	10:10 _____

4. Talking about approximate time:
Ala una na ba?
'Is it one o'clock now/yet'?

Vocabulary

tangháli na	late already (timewise)
maága pa	early yet
huli ná	late already
pasádo na	past already
malápit na	close/near
kanína pa	sometime ago

Practice

Question	Response
Alas dose na ba?	

160

Time:	(11:30)	*Wala/hindi pa.*
	(11:45)	*Malapit na./Tanghali na.*
	(11:00)	*Maaga pa.*
	(12:15)	*Kanina pa.*
	(12:30)	*Pasado na.*

1. Your teacher gives the cue and the question. Students choose the best response from the following:

Oo	Malapit na
Pasado na	Wala pa/Hindi pa
Kanina pa	Maaga pa

Cue	Question
5:00	Alas singko na ba?
5:15	Alas singko na ba?
5:20	Alas singko na ba?
4:55	Alas singko na ba?
5:30	Alas sais na ba?
11:45	Alas dose na ba?
3:30	Alas kuwatro na ba?

5. Telling time using Tagalog numerals:
Ika-labing-dalawa ng tanghali
'Twelve o'clock noon'

Vocabulary

1:00	*iká-isá*
2:00	*ika-lawá*
3:00	*ikatló*
4:00	*ika-ápat*
5:00	*ika-limá*
6:00	*ika-ánim*
7:00	*ika-pitó*
8:00	*ika-waló*
9:00	*ika-siyám*
10:00	*ika-sampú'*
11:00	*ika-labing-isá*
12:00	*ika-labindalawá*

Practice

Question   Response

Anong oras na? (6 p.m.)   *Ika-anim ng hapon.*

Activities

1. Give the time in Spanish and Tagalog:

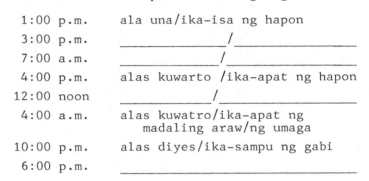

1:00 p.m.	ala una/ika-isa ng hapon
3:00 p.m.	_____/_____
7:00 a.m.	_____/_____
4:00 p.m.	alas kuwarto /ika-apat ng hapon
12:00 noon	_____/_____
4:00 a.m.	alas kuwatro/ika-apat ng madaling araw/ng umaga
10:00 p.m.	alas diyes/ika-sampu ng gabi
6:00 p.m.	_____

2. Your teacher gives the situation and points to the actual time asking "Maaga pa ba o huli na?" Give the appropriate response.

   a. Alas siyete y medya ang pasok sa eskuwela.

Cue	Response
7:15	Maaga pa.
7:05	Maaga pa.
7:35	Huli na.

   b. Alas tres ang miting.

1:10	_____
2:30	_____
3:45	_____
3:50	_____

   c. Alas kuwatro ang basketbol.

3:25	_____
4:20	_____

Grammar Notes

> Adverbial particles commonly used in telling time are *pa* and *na*.

1. Generally, *na* indicates completed action. The question *May alas dose na ba?* means 'Is it 12:00 o'clock now/yet'? Literally, it means 'Is 12:00 o'clock already/now existing'? *Na* implies the completion or termination or start of a certain state. Most Tagalog speakers equate *na* with 'already'.

2. *Pa* in contrast to *na* usually signals incomplete action, non-terminated action or state. It is translated as 'still', or 'yet'. The response *hindi pa* to an inquiry about the time means 'Not yet'. However, note *kanina pa* 'sometime ago', or 'a while back'.

CUMULATIVE ACTIVITIES

1. Use the following dialogs "Maaga Pa" and "Tanghali Na" as models and role-play two situations where you are early and late.

   a. Diyalogo: Maaga Pa

   JOHN
   Alas dose na ba?   Is it twelve o'clock already?

   BOB:
   Hindi pa. Maaga pa.   Not yet. It's still early.

   JOHN:
   Mula pa kanina ay   I've been hungry for
   gutom na gutom   hours.
   na ako.

   BOB:
   Hindi ka ba kumain   Didn't you have
   ng almusal?   breakfast?

   JOHN:
   Kumain.   I did (eat).

   BOB:
   Bakit ka nagugutom?   Why are you hungry?
   Alas diyes pa lamang   It's only ten o'clock
   ng umaga.   in the morning.

   JOHN
   Kasi, itong eksamen.   Because of these exams.
   Ginugutom ako sa   I'm getting hungry from
   nerbiyos.   nervousness.

b. Diyalogo: Tanghali Na

A: *Naku, tanghali na.*   Gosh, it's late already.
   Anong oras na?   What time is it?

B: *Ewan, patay ang*   I don't know. My watch
   relo ko.   isn't working.

C: *Alas siyete na.*   It's seven o'clock.

A: *Eh, di huli na tayo.* We're late then. Hurry
   Dali kayo.   up.

2.   Its eight o'clock in the evening. You have a
    date with two friends. One arrives early, the
    other late. You all decide to go to the movies.
    But on checking the newspaper, you find out you
    are late for the showing and decide to wait for
    the next one (or do something else). Write your
    own dialogs using the various time expressions
    you have learned.

WRITING EXERCISE

Make a chart of your daily schedule:

    7:30   Matematika
    8:10   Ingles
    Etc.

Write sentences describing each time slot.

Examples:

    Alas siyete y medya ang matematika.
    Alas otso y diyes ang Ingles.

PRONUNCIATION DRILLS

Word Drill

1:00	alá-úna
1:15	alá-úna y kínse
1:30	alá-úna y médya
1:45	alá-úna y kuwaréntay-síngko
2:00	alás dos
3:00	alás tres
4:00	alás kuwátro
5:00	alás síngko
6:00	alás saís
7:00	alás siéte
8:00	alás ótso
9:00	alás nuwébe
10:00	alás diyés
11:00	alás ónse
12:00	alás dóse

Sentence Drill

Maága pa.
Kanína pa.
Malápit na.
Walá pa.
Pasádo na.
Hulí na.
Tangháli na.

SELF-ASSESSMENT LIST

At the end of this lesson you should be able to:

1. Tell time using both Spanish and Tagalog
    numerals.

2. Use the particles *na/pa* to indicate completed
    (past) or non-completed actions.

3. Pronounce Spanish numerals for telling time.

4. Use time-related expressions.

Lesson 18

TALKING ABOUT PAST EVENTS

DIALOG: MAGSINE TAYO

Makinig at Intindihin:

BERT:
Tena, magsine tayo   Come. Let's see a movie
mamayang gabi.   tonight.

BOB:
Saan?   Where?

BERT:
Diyan sa Sine   At the Liberty Theater.
Liberty.

BOB:
Ano ba ang palabas?   What's showing?

BERT:
Tagalog daw, "Ibong   A Tagalog movie, "Ibong
Adarna."   Adarna."

BOB:
Baka hindi natin   We might not be able to
maintindihan.   understand it.

BERT:
Bahala na.   We'll see.

Mga Tanong

1. Sino ang gustong magsine?
2. Saan sila manunood?
3. Ano ang palabas?
4. Mga Tagalog ba sina Bert at Bob? Bakit?
5. Bakit gusto nilang manood ng pelikulang Tagalog?

MINI-DIALOGS

1. Giving instructions using *mag-/ma-/mang-* verbs:
   Magbasa kayo. 'You, (pl.) read'.

   ### Vocabulary
mag-áral	study
magbasá	read
magsulát	write

166

magdrówing	draw
maghilámos	wash one's face
magsalitá'	speak
·mananghalían	have lunch
malígo'	shower; bathe
maglabá	wash clothes
maglúto'	cook
magbiláng	count
matúlog	sleep
manoód	watch

Practice

Command	Response
Magbasa kayo.	(Students read.)
	(They perform the commands.)

Negative Command	Response
Huwag kayong magsulat.	(Students don't write.)

Activities

1. Using stick figures as cues, your teacher tells you to do the following.

   Mag-aral kayo.   (Students perform the
   Magbasa kayo.   commands.)
   Magdrowing kayo.
   Magbilang kayo.
   Magsalita kayo.
   Magluto kayo.
   Maglaba kayo.
   Maghilamos kayo.

   Manood kayo ng "T.V."
   Maligo kayo.
   Matulog kayo.

   Mananghalian kayo.

2. Follow the leader: Be the teacher and give the above commands. When the student-teacher says "Huwag . . . ," students should not do anything or else they are out of the game.

Grammar Notes

In a negative command, there is an inversion of the pronoun and the verb.

Example:

Huwag	Pronoun	Verb	Pronoun
Huwag	kayo_ng_	Mag-aral mag-aral.	kayo.

Note that the linker _-ng_ is attached to the pronoun when it occurs before the verb.

2. Talking about past events:
   Naglaba ako.   'I washed (my clothes)'.

Vocabulary

maglínis	to clean
mag-almusál	to have breakfast
magsipílyo	to brush one's teeth
magsukláy	to comb one's hair
maghapúnan	to have dinner
magsapátos	to put on shoes
magbíhis	to dress up
mag-'jógging'	to jog
magsimbá	to go to church
humirám	to borrow
sumakáy	to ride
pumások	to enter
umuwí'	to go (come) home
kahápon	yesterday
noóng Sábado	last Saturday
kanína	a while ago
kanínang umága, hápon	this (past) morning, afternoon
maglaró'	to play
mag-iksámen	to take an exam
magdilíg	to water plants
mag-'bówling'	to go bowling

mag-'dísco'	to disco
magpasyál	to take a walk
magpuntá	to go
pumíli'	to choose
tumulá'	to recite poetry
bumása	to read
bumilí	to buy
kumantá	to sing
sumayáw	to dance
sumúlat	to write

Practice

Question	Response
1. *Ano ang ginawa mo kahapon?*	1. *Nag-aral ako.*
2. *Ano ang ginawa niya kahapon?*	2. *Nanood siya ng sine. Lumangoy siya.*

Activities

1. After conferring with your teacher, perform an action. The class interprets the action by saying, for example, "Nagbasa siya."

2. Answer the following questions using as many verbs as you can. The verbs you use should be suitable to the location of the action. Ask your teacher for verbs you need but have not learned yet.

    a. Ano ang ginawa mo sa klase?

    Possible answers: Nag-aral ako.
    Nagbasa ako.
    Nagbilang ako.

    b. Ano ang ginawa mo sa bahay?

    Possible answers: Naligo ako.
    Nananghalian ako.
    Naglinis ako.
    Natulog ako.
    Nagluto ako.
    Kumain ako.
    Nanood ako ng T.V.

c. Ano ang ginawa mo sa aklatan?

Possible answers: Nagbasa ako.
Natulog ako.
Humiram ako ng libro.

d. Ano ang ginawa mo sa banyo?

Possible answers: Naligo ako.
Naghilamos ako.

e. Ano ang ginawa mo sa kusina?

Possible answers: Nagluto ako.
Nananghalian ako.

f. Ano ang ginawa mo sa kuwarto?

Possible answers: Natulog ako.
Nagsuklay ako.
Nag-'make-up' ako.

3. Interview your partner about what he/she did yesterday, last Saturday, and last Sunday. Use the following sample responses as a guide.

a. Ano ang ginawa mo kahapon?

Sample responses:

6:00 *Gumising ako, naligo at nagbihis.* I woke up, took a bath, and got dressed.

7:00 *Nag-almusal, nag-sipilyo, nag-suklay at nagsapatos ako. Sumakay ako sa bus.* I had breakfast, brushed my teeth, combed my hair, and put on my shoes. I took the bus.

8:00 *Pumasok ako sa _____.* I went to _____.

9:00 *Nag-aral ako ng Ingles.* I studied English.

10:00 *Nag-aral ako ng Matematika.* I studied Mathematics.

11:00 *Nag-aral ako ng "History."* I studied History.

12:00 *Nananghalian ako.* I ate lunch.

1:00	*Pumasok ako sa _____ uli.*	I went back to _____.
2:00	*Nag-aral ako ng agham.*	I studied Science.
3:00	*Nag-aral ako ng "Health".*	I studied Health.
4:00	*Umuwi ako.*	I went home.
5:00	*Nanood ako ng "T.V."*	I watched T.V.
6:00	*Nagluto ako.*	I cooked.
7:00	*Naghapunan ako.*	I had dinner.
8:00	*Nag-aral ako.*	I studied.
9:00	*Nanood uli ako ng "T.V."*	I watched T.V. again.
10:00	*Natulog ako.*	I slept.

b. Ano ang ginawa mo noong Sabado?

Sample responses:

Nag- "jogging" ako.   Nag- "disco" ako.
Nag- "swimming" ako. Nanood ako ng sine.
Nag- "bowling" ako.   Nagpunta ako sa "zoo."
Nagpasyal ako.   Naglaba ako ng damit.

c. Ano ang ginawa mo noong Linggo?

Sample responses:

Nagsimba ako.   Nagpunta ako sa "party"/piknik.

Nagsine ako.   Nagpasyal ako sa parke.

4. Answer the following questions truthfully:

a. Anong oras ka umuwi kahapon?
b. Ano ang ginawa mo noong Biyernes?
c. Nag-aral ka ba kagabi?
d. Saan ka pumunta noong Sabado?
e. Kumain ka ba sa restauran noong Linggo?

f. Nagsimba ka ba noong Linggo?
g. Pumasok ka ba kahapon?
h. Anong oras ka natulog kagabi?
i. Nanood ka ba ng "T.V." kagabi?
j. Anong oras ka gumising kaninang umaga?

Grammar Notes

1. Tagalog verbs inflect for <u>aspect</u> rather than for tense as in English. Aspect indicates whether the action has started or not and if started, whether it has been completed or is still continuing. The three aspects of the verbs are: (1) completed, for action started and terminated, (2) contemplated, for action not started and (3) incompleted, for action started but not yet completed or still in progress. The form of the verb does not imply any aspect if it is neutral or in the infinitive form. In this lesson, only the completed aspect has been introduced. The rest will be found in the succeeding lessons.

2. The *mag-* and *ma-* verbs indicate that action has started and has been completed by changing to *nag-* and *na-*. It will be noted that *mag-* and *ma-* are both prefixed to the verb root.

   Examples:

Commands:	Mag-aral ka.
	Makinig kayo.
Completed action:	Nag-aral ako (ng leksiyon).
	Nakinig ako (ng "stereo").

3. With *mag-/ma-* verb types, there are changes that signal the differences in aspects. The *-um-* verb, however, does not have any marker that indicates the <u>completed aspect</u>. Its command, neutral, or infinitive form is the same as its completed form.

   Example:

Infinitive:	*Kumanta ka.*	'(You) sing'.
Completed:	*Kumanta ako.*	'I sang'.

172

> *-Um-* is put before the first vowel of the verb root or base.
>
> Example:
>
> -um- + langoy = _lumangoy_ 'to swim'; 'swam'
>
> -um- + inom = _uminom_ 'to drink'; 'drank'

CUMULATIVE ACTIVITIES

Role Play: Call up a friend and ask what she/he did last Saturday. Then, tell what you did on the same day. Perform this dialog with your seatmate:

Example:

A: Helo, Maria, si Pat ito.

B: Hoy, Pat, kumusta ka?

A: Mabuti naman. Ano ang ginawa mo kahapon?

B: Nagpunta kami sa tabing-dagat at naglaro ng "volleyball."

Etc.

(B calls A)

A: Helo.

B: Helo, _____ . Si _____ ito. Ano ang ginawa mo kagabi?

A: _____ . Ikaw? Ano ang ginawa mo?

B: _____ .

GRAMMAR EXERCISES

1. Construct sentences from the following groups of words:

   Example:

      bili/damit/kahapon/siya
      Bumili siya ng damit kahapon.

   a. Kaninang umaga/si Maria/linis/bahay

   _____

   b. bigay/sila/regalo/noong Pasko

   _____

173

c. luto/nanay/pagkain/masarap/kagabi

_____

d. pili/sapatos/Ana/niya/noong Sabado

_____

2. Write as many sentences as you can from the following sentences.

Example:

Kumain ba siya sa kapeterya noong makalawa?

1. Kumain ba siya sa kapeterya?
2. Kumain ba siya?
3. Kumain ba siya noong makalawa?

a. Kumanta siya ng "Dahil sa Iyo" sa programa noong isang araw.

1. _____
2. _____
3. _____
4. _____

b. Naglagay siya ng bulaklak sa altar kahapon ng hapon.

1. _____
2. _____
3. _____

c. Sumulat siya sa kaniyang mga magulang noong Biyernes.

1. _____
2. _____
3. _____

* 3. Add phrases to the following verbs as cued:

a. Sumayaw (actor, place, time).

_____

b. Naglaba (actor, object, place, time).

_____

c. Naglaro (actor, object, place, time).

_____

d. Humiram (actor, object, place, time).

_____

e. Nagtapon (actor, object, place, time).

_____

READING EXERCISES

1. Read the following dialog and answer the
    questions:

Diyalogo: Konsiyerto

(Nagkita sina Bob at Malou sa eskuwela)	(Bob and Malou met in school.)

BOB:
> *Pumunta ba kayo sa konsiyerto ni Pilita?*

Did you go to Pilita's concert?

MALOU:
> *Oo. Ang saya! Kumanta siya ng anim na beses.*

Yes. It was fun! She sang six times.

BOB:
> *Anong oras siya natapos?*

What time did she finish?

MALOU:
> *Alas onse. Kumain kami sa Nena's Special Bibingka.*

At eleven o'clock. We ate at Nena's Special Bibingka.

BOB
> *Sumayaw ba kayo sa konsiyerto?*

Did you dance at the concert?

MALOU
> *Oo, habang kumakanta siya.*

Sure, while she was singing.

Mga Tanong

a. Saan pumunta sina Malou?
b. Ilang beses kumanta si Pilita?
c. Anong oras siya natapos?
d. Saan kumain sina Malou?
e. Sumayaw ba sila?

2. Read and answer the *ano, saan, kailan, bakit*
    questions in complete sentences.

a. Namilí sina Susan at Paul kahapon. Pumunta sila sa "downtown." Kumain sila sa kapeterya. Bumili si Susan ng damit at sapatos. Bumili naman si Paul ng kurbata.

1. Ano ang ginawa nina Paul at Susan kahapon?
2. Saan sila pumunta?
3. Saan sila kumain?
4. Ano ang binili ni Susan?
5. Ano ang binili ni Paul?

b. Hindi pumasok si Beth noong Lunes. May sakit siya. Pumasok siya noong Martes. Magalíng na siya.

1. Ano ang ginawa ni Beth noong Lunes?
2. Bakit hindi siya pumasok?
3. Kailan siya pumasok?

c. Nasa bahay ang mag-anak na Santos kagabi. Nagluto si Gng. Santos ng alas sais. Kumain sila ng alas siyete. Tapos, nag-aral sina Nancy at David, nagbasa ng diyaryo si G. Santos at sumulat si Gng. Santos ng liham.

1. Nasaan ang mag-anak na Santos kagabi?
2. Ano ang ginawa ni Gng. Santos?
3. Anong oras siya nagluto?
4. Anong oras sila kumain?
5. Ano ang ginawa nina Nancy at David?
6. Ano ang ginawa ni G. Santos?
7. Ano ang ginawa ni Gng. Santos?

d. Linggo kahapon. Nagpiknik ang mga mag-anak na Santos. Pumunta sila sa parke. Nananghalian sila doon. Naglaro sila ng badminton. Tapos, pumunta sina G. at Gng. Santos sa akuwaryum. Nag- "chess" sina David at Nancy. Umuwi sila ng alas kuwatro.

1. Kailan nagpiknik ang mag-anak na Santos?
2. Saan sila pumunta?
3. Ano ang ginawa nila roon?
4. Naglaro ba sila?
5. Anong laro?
6. Saan pumunta sina G. at Gng. Santos?
7. Ano ang ginawa nina David at Nancy?
8. Anong oras sila umuwi?

WRITING EXERCISES

1. Write a dialog with your partner about a telephone conversation between two friends using the suggestions below. Then role-play it. Use *mag-*, *ma-*, and *-um-* verbs.

a. Bob calls up Maria. Bob asks Maria what she did the night before.

b. Maria says she studied, wrote letters, and watched T.V.

c. Bob says he ate at the Mabuhay Restaurant and saw a movie.

d. Maria asks him what movie he saw.

e. Bob says "Star Wars."

2. Write down all the activities you did over the weekend that you didn't do during the week.

   Example:

   Noong Sabado, natulog ako hanggang alas onse. Naglinis ako ng kotse. Etc.

PRONUNCIATION DRILLS

Word Drill

Note the shift in stress from the *-um-* verb to the *mag-* verb when roots take both affixes, except when the stress is already on the last syllable.

Root	-Um- verb	Mag- verb
súlat	sumúlat	magsulát
bása	bumása	magbasá
káin	kumáin	magkaín
puntá	pumuntá	magpuntá

mag- is often used to indicate multiplicity of action.

Sentence Drill: (series)

Ano ang ginawa mo noong Sabado?

Naligo ↑ , natulog ↑ , nanood ng sine ↑ ,

nag-aral ↑ , at naglinis ng bahay ↓ .

Ano ang ginawa mo noong Lunes?

Pumasok ↑ , nag-aral ↑ , nagbasa ↑ ,

nag-iksamen ↑ , at kumain ↑ sa kapeterya ↓ .

177

Reading paragraphs

Listen to your teacher read the short selections in this lesson. Note the pronunciation, the stresses, and the phrasing.

1. Repeat after her.
2. Read the selections individually.
3. Read the questions that follow each selection.

SELF-ASSESSMENT LIST

By the end of this lesson you should be able to:

1. Use *mag-*, *ma-* and *-um-* verbs in commands.

2. Use other *ng* pronouns in the question
   Ano ang ginawa . . .

3. Use the *ng* actors with the *ginawa* verb.

4. Use various past time expressions in responses.

5. Respond to the question *Ano ang ginawa mo/niya?*
   (+ location or past time expression) by using
   sentences having the completed (past) aspect of
   mag-, *ma-*, and *-um-* verbs.

6. Describe what someone did by using the past forms
   of *mag-*, *ma-*, and *-um-* verbs.

7. Answer *ano, saan, kailan,* and *bakit* questions
   after short reading selections.

8. Read sentences having a series of verbs.

Lesson 19

TALKING ABOUT COMING EVENTS

DIALOG: ANG BAKASYON

Makinig at Intindihin:

ANA:
  Aalis ka ba sa   Are you going away this
  bakasyon?   vacation?

BOB:
  Siguro.   Hindi ko pa   Maybe.   I don't know yet.
  alam.

ANA:
  Saan ka pumunta noong   Where did you go last
  isang taon?   year?

BOB:
  Sa San Francisco.   To San Francisco.

ANA:
  Bakit hindi ka   Why don't you go to Los
  pumunta sa Los   Angeles this time?
  Angeles naman.
  Malapit ang Disney-   Disneyland is nearby.
  land doon.

BOB:
  Magandang ideya iyan.   That's a good idea.
  Sasama ka ba?   Will you come along?

ANA:
  Kung may pera.   If I have the money.

  Mga Tanong

  1.   Saan pupunta si Bob sa bakasyon niya?
  2.   Saan siya pumunta noong isang taon?
  3.   Sasama ba si Ana sa Los Angeles?

MINI-DIALOGS

1.   Talking about coming events using *–um–* verbs:
     Ano ang gagawin mo?   'What are you going to do'?

179

Vocabulary

kakantá	will sing
lalangóy	will swim
susúlat	will write
iinóm	will drink
bababá'	will go down
tatakbó	will run
sasayáw	will dance
papások	will enter, will go to work, school
hihingí'	will ask for
sasakáy	will ride
hihirám	will borrow
pupuntá	will go
bibilí	will buy
kakáin	will eat

Practice

Question	Response
Ano ang gagawin mo?	*Lalangoy ako.*
Ano ang gagawin niya?	*Kakain siya.*
	Etc.

Activities

1. Guessing Game: Your teacher tells everyone to think of something to do in class. Everyone is to keep it a secret. When the teacher calls on you, whisper to the teacher what you are going to do. The verbs are limited to *-um-* verbs.

   Example:

   ```
   T:  Ano ang gagawin ni Fidel?
   S1: Tatalon siya.
   S2: Tatakbo siya sa bintana. .
   S3: Pupunta siya sa pinto.
   S4: Kakanta siya.
   S5: Babasa siya.
   S6: Susulat siya.
   S7: Sasayaw siya.
   S8: Kakain siya.
   S9: Uupo siya.
   ```

   When someone guesses the answer, the teacher asks Fidel to perform the action (e.g., he sits on the teacher's chair).

```
T:   Ano ang ginawa niya?
S1:  Umupo siya sa silya ninyo.
```

Grammar Notes

In the contemplated (future) aspect, the
-um- affix of an *-um-* verb is dropped and
the first syllable of the verb root is
repeated or reduplicated. That is, the
first CV (consonant-vowel) or V (if the
base starts with a vowel) of the verb root
is repeated.

Verb Type	Infinitive Form Affix + Verb Base	Contemplated Aspect Reduplicated Syllable	Verb Base
-um- verb	K*um*antá	Ka-	kantá
	*Um*inóm	I-	inóm

Reduplication in the verbs usually indicates
an incompleted action. An action that has
not even started, as in the case of the con-
templated aspect, is also considered incom-
pleted.

Note that the process of affixation to form
the infinitive or of reduplication to form
the contemplated aspect do not affect word
stress in the verb base, which remains the
same.

Exercises:

1. Construct sentences using the following words:

    a. langoy/ako bukas

        Lalangoy ako bukas.

    b. takbo/siya/mamaya

    c. sulat/Ben/nanay niya/Biyernes

    d. inom/Pete/serbesa

e. sayaw/Tina/Linggo

_____

f. pasok/opisina/sekretarya/bukas

_____

2. Complete the following with objects:
    a. Bibili siya ___ng sapatos___ .
       ___ng damit___ .
       ___ng pagkain___ .

    b. Iinom tayo _____
       _____
       _____

    c. Pupunta kami_____
       _____
       _____

    d. Kakain ako _____
       _____
       _____

    e. Sasakay sila ___sa bus___ .
       _____
       _____

3. Giving reasons:

    Bakit kayo pupunta sa "airport"?
    'Why are you going to the airport'?

Vocabulary

kasí	because
bákit	why
mag-blo-"blów-out"	to treat someone to (a meal, party)
dadaán	will pass by
daratíng	will arrive

Practice

Question   Response

Bakit aalis ka na?   *Kasi dadaan pa ako sa
                                  "grocery."*

Activities

What possible answers can you give for the
following questions:

1. Bakit aalis ka na?
2. Bakit matutulog ka na?
3. Bakit magblo-"blow-out" ka?
4. Bakit ka pupunta sa 'airport'?
5. Bakit ka mag-aaral?

Grammar Notes

The question introduced by the interrogative
word *bakit* 'why' elicits a response with
kasi 'because'. *Kasi* introduces a statement
of purpose or reason. The *kasi* statement
may occur as the second clause in a compound
sentence. However, it is more common to
start off the response with the *kasi* portion
of the sentence rather than give the whole
sentence.

Initial Statement + *kasi* + Purpose/Reason

(Pupunta kami sa   kasi   darating si Ben.
airport)

Exercises

1. Expansion Exercise: Your teacher will give
   a short sentence. Expand the sentence by
   responding to the questions. The expansions
   should be based on the information given in
   the final expanded sentence.

   a. Pupunta ang mga guro.

      Question   Response
      Saan?   Pupunta ang mga guro sa

                  istadyum.
      Bakit?   Pupunta ang mga guro sa

                  istadyum kasi may laro ang

                  mga estudyante.

Expanded Sentence: Pupunta ang mga guro sa istadyum kasi may laro ang mga estudyante.

b. Kakain kami.

Question	Response
Ng ano?	
Saan?	
Kailan?	
Bakit?	

Expanded Sentence: Kakain kami ng pansit sa restauran bukas kasi may 'bonus' si Pablo.

c. Sasayaw siya.

Question	Response
Ng ano?	
Saan?	
Kailan?	
Bakit?	

Expanded Sentence: Sasayaw siya ng 'Tinikling' sa plasa sa Linggo kasi may "benefit show".

d. Kakanta si Pilita.

Question	Response
Ng ano?	
Saan?	
Kailan?	
Bakit?	

Expanded Sentence: Kakanta si Pilita ng kundiman sa eskuwelahan sa Sabado kasi may programa.

2. Completion Exercise: Answer the following questions using the cues given:

Question	Response
Kakain sila *ng ano*?	(Ng "steak")
Kakain sila *saan*?	(Sa otel)

184

Kakain sila *kailan*? (Bukas)

Bakit sila kakain (Kasi may "bonus"
   ("ng steak")? sila.)

Give one expanded sentence based on all your
responses.

Example: Kakain sila ng "steak" . . . .

3. Talking about coming events using *mag-/ma-* verbs:
   Magpapasyal siya. 'He will take a walk'. Or
   Matutulog siya. 'She will sleep'.

Vocabulary

maglilínis	will clean
mag-aáral	will study
magbabasá	will read
magsusulát	will write
maglalabá	will do laundry
magsasayáw	will dance
mag-iiksámen	will take an exam
magmamasíd	will browse
magpapahingá	will rest
magbibíhis	will get dressed
magpapasyál	will take a walk
maglulúto'	will cook
maglalakbáy	will travel
magtataním	will plant
matutúlog	will sleep
makikiníg	will listen
mamimilí	will shop
magagálit	will get angry
matutuwá'	will be pleased
mapapágod	will get tired
sa Linggó	on Sunday
sa isáng Linggó	next Sunday
mamayáng hápon	this afternoon
búkas ng umága	tomorrow morning

4.   Asking alternative questions:

Magpapasyal ba tayo o matutulog?
'Are we going out or sleeping'?

Vocabulary

kakáin	will eat
malilígo'	will take a bath
hihingî'	will ask for
lalabás	will go out
magsusulát	will write
bibilî	will buy
kakantá	will sing
magbubús	will take a bus

Practice

Question	Response
Ano ang gagawin natin mamayang gabi? Magpapasyal o matutulog?	*Magpapasyal (siyempre).*

Activities

Ask alternative questions based on the verbs given above. Be sure the verbs you choose make contrastive or alternative meaning evident.

Example:

   Maglilinis ka ba ng bahay o maglalaba?

Grammar Notes

> The affixes *mag-* and *ma-* are not altered in the contemplated aspect of the verb. Because the action has not started and is merely contemplated or anticipated, the *m-* which signals such a state is retained. However, the first syllable, CV- or V-, of the verb base is reduplicated to indicate the "incompleteness" of the action.

Verb Type	Infinitive Form Affix + Verb base	Contemplated Aspect Prefix + Reduplicated Syllable	Verb Base
Mag- verb	*mag*linis	mag-*li-*	linis
	mag-aral	mag-*a-*	aral
Ma- verb	*ma*tulog	ma-*tu-*	tulog
	ma-uhaw	ma-*u-*	uhaw

CUMULATIVE ACTIVITIES

1. Dialog Variation

   a. Change the following dialog by substituting the other possible responses listed below.

   S1: Saan ka pupunta?
   S2: Sa <u>bayan</u>. (1)

   S1: Bakit?
   S2: <u>Magsisine</u> ako. (2)

(1)	(2)
A. eskuwelahan	magtenis
	mag-aral ng sayaw
	magdala ng kawayan
	('bring bamboo')
	maglaro ng basketbol
B. simbahan	magsimba
C. bangko	magpalit ng tseke
	('cash a check')
	maglabas ng pera
	('withdraw money')
	magdeposito ng pera
	('deposit money')
	maghulog ng pera
D. bahay	matulog
	maglinis
	magluto
	magpahinga ('rest')
E. Kapiolani Park	makinig sa banda
	magpasyal
	mag-"jogging"
F. bayan	manood ng sine

b. Using the framework of the following dialog, construct your own and perform it with your partner.

A: Anong gagawin mo sa _____?

B: Ewan ko.

A: Pupunta ako sa _____. Gusto mong sumama?

B: Sige. Kailan tayo lalakad?

A: Aalis tayo sa _____.

2. Role-play the following dialog:

Diyalogo: Sa Kapeterya

BOB:
Nasaan si Dick, Gail?   Gail, where is Dick?

GAIL:
Nasa Ala Moana siya.   He's at Ala Moana.

BOB:
Ano ang ginagawa niya roon?   What's he doing there?

GAIL:
Bumibili ng regalo.   Buying a gift.

BOB:
Anong gagawin ninyo ni Dick bukas?   What are you and Dick going to do tomorrow?

GAIL:
Mag-aaral at maglalaro ng tenis.   Study and play tennis.

BOB:
Kailan kayo maglalaro ng tenis?   When are you playing tennis?

GAIL:
Bukas ng hapon.   Tomorrow afternoon.

BOB:
Gusto ba ninyong kumain sa amin bukas ng gabi?   Would you like to have dinner at our place tomorrow night?

GAIL:
Tatanungin ko si Dick.   I'll ask Dick.

188

BOB:
> *Sige. Tumawag kayo bukas ng umaga.*

All right. Call tomorrow morning.

GAIL:
> *Sandali lang. Kukuha ako ng tubig. Nauuhaw ako.*

Just a moment. I'm going to get some water. I'm thirsty.

3. Using the dialog "Sa Kapeterya" as a model, talk about your plans for the weekend.

GRAMMAR EXERCISES

1. Change the following sentence by using the cues given. Be sure that the topic in the first part of the sentence agrees with that in the second.

   Model: Aalis na *kami* kasi pupunta pa *kami* sa opisina.

   Cue

   si Nardo   Aalis na *si Nardo* kasi pupunta pa *siya* sa opisina.

   Maynila   _____

   _____

   lakad   _____

   _____

   sila   _____

   _____

   Los Baños   _____

   _____

   kami   _____

   _____

2. Change the verb forms in the model sentence according to the time expression cues given:

   Model: *Pupunta* kami sa Kahala Hilton *sa Sabado.*

   Cue

   noong kamakalawa   *Pumunta* kami sa Kahala Hilton *noong kamakalawa* .

189

sa makalawa   _____

noong Linggo   _____

mamaya   _____

mamayang hapon   _____

kahapon ng hapon   _____

bukas ng umaga   _____

noong makalawa   _____

kaninang tanghali   _____

sa Sabado ng gabi   _____

3. Change the model sentence by using the cues given. Be sure the verb form agrees with the time expression cue.

Model: *Mag-aaral* siya *bukas*.

Cue

kahapon   _____

luto   _____

sa Linggo   _____

sayaw   _____

kagabi   _____

bukas ng gabi   _____

mamaya   _____

sa isang linggo   _____

sila   _____

lakbay   _____

kami   _____

iksamin   _____

kaninang umaga   _____

tulog   _____

mamayang hapon   _____

kanina   _____

4. Expand the following sentences by adding the cues given. Use an appropriate marker with the cues:

Magluluto ang nanay.

Cue

ulam   Magluluto ang nanay *ng ulam*.

190

| bahay | Magluluto ang nanay ng ulam_____ |
| | _____ |

| Sabado | Magluluto ang nanay ng ulam _____ |
| | _____ |

| tanghali | Magluluto ang nanay ng ulam_____ |
| | _____ |

Maglalaro si Tony.
Cue
basketbol   Maglalaro si Tony _____
plasa   Maglalaro si Tony _____
bukas   Maglalaro si Tony _____

hapon   Maglalaro si Tony _____
                    _____

5. Expand the following verbs by adding actors, objects, locations, and future time expressions. Do not repeat the time expressions.

Verb	Actor		Location	Time Expression
Mag-aaral	siya	ng leksiyon	sa aklatan	bukas
Maglalaro				
Magluluto				
Kukuha				
Bibili				
Susulat				
Maglilinis				
Babasa				
Maglalaba				
Hihingi				
Magbibigay				

6. Expand the following by answering the questions. Write the sentence with multiple expansions at the end.

a. Bibili ako . . .

Ng ano?   Bibili ako ng tinapay._____

Saan?   _____

Kailan?   _____

Bakit?   _____

.Expanded Sentence: _____

_____

b. Pupunta si Lucas . . .

Saan?   _____

Kailan?   _____

Bakit?   _____

Expanded Sentence: _____

_____

c. Tatawag ang nanay . . .

Saan?   _____

Kailan?   _____

Bakit?   _____

Expanded Sentence: _____

_____

d. Kukuha siya . . .

Ng ano?   _____

Saan?   _____

Kailan?   _____

Bakit?   _____

Expanded Sentence: _____

_____

WRITING EXERCISES

1. Write a paragraph about what you're doing this weekend.

2. Read the sentences your partner wrote in the writing exercise and tell the class what he/she isn't going to do during the weekend.

Example:

Hindi siya manunood ng sine, etc.

3. Prepare a short composition telling the class about your plans for a trip or a vacation.

PRONUNCIATION DRILL

Word Drill

-um- verbs (Contemplated Action)

Root		Root	
alís	a-alís	takbó	ta-takbó
bása	ba-bása	káin	ka-káin
tulá'	tu-tulá'	sakáy	sa-sakáy
kánta	ka-kantá	puntá	pu-puntá
langóy	la-langóy	bilí	bi-bilí
inóm	i-inom	sayáw	sa-sayáw
datíng	da-ratíng		

Note that *d-* between vowel sounds becomes *r*.

In- verb (Contemplated Action)

Root	
gawaín	ga-gawín

Mag- verbs (Contemplated Action)

Root	Neutral	Contemplated
línis	maglínis	maglilínis
áral	mag-áral	mag-aáral
bíhis	magbíhis	magbibíhis

Ma- verbs (Contemplated Action)

Root	Neutral	Contemplated
lígo'	malígo'	malilígo'
túlog	matúlog	matutúlog
gútom	magútom	magugútom

SELF-ASSESSMENT LIST

By the end of the lesson you should be able to:

1. Use the contemplated aspect of the *-um-*, *mag-*, *ma-* verbs to express future happenings.

2. Respond to *bakit* questions with *kasi* responses.

3. Expand sentences by adding objects, locations, and time expressions.

4. Expand sentences by adding objects or phrases in response to *ng ano, saan, kailan,* and *bakit* questions.

5. Change verb forms to correspond to past and future time expressions.

6. Construct and pronounce the contemplated or future form of the *-um-, mag-, ma-* verbs.

Lesson 20

TALKING ABOUT HABITUAL ACTIVITIES
OR ONGOING EVENTS

DIALOG: ANG PALABAS

Makinig at Intindihin:

MALOU:
*Oy, Bob, hindi na
kita nakikita.*

Hey, Bob, I don't see
you around anymore.

BOB:
*Sumasama kasi ako
kay Mary sa Hilton.*

I go with Mary to the
Hilton.

MALOU:
Bakit?

Why?

BOB:
*Kumakanta siya at
tumutugtog ng gitara
sa Maile Room.*

She sings and plays the
guitar at the Maile Room.

MALOU:
Bakit kasama ka?

Why are you with her?

BOB:
*Gabi na kung matapos
ang palabas niya.*

It's late by the time
her show ends.

MALOU:
*Ano naman ang
ginagawa mo habang
naghihintay ka?*

What do you do while
you're waiting?

BOB:
*Umiinom, sumasayaw.
Pag pagod na ay
ngumingiti na lang
ako.*

I drink, dance. When I'm
tired, I just smile.

MALOU
*Mahirap ang trabaho
mo.*

Your job is difficult.

BOB:
*Oo. Pero masaya
naman ang gabi ko.*

Yes. But my nights are
a lot of fun.

Mga Tanong

1. Sino ang hindi nakikita ni Malou?
2. Bakit?
3. Ano ang ginagawa ni Mary sa Maile Room?
4. Bakit kasama si Bob?
5. Anu-ano ang ginagawa ni Bob habang naghihintay siya?
6. Masaya ba si Bob o hindi?

MINI-DIALOGS

1. Talking about ongoing events using the *-um-* verb:

   Ano ang ginagawa mo? 'What are you doing'?

   Vocabulary

búkas	tomorrow
gabí-gabí	every night
áraw-áraw	every day
linggó-linggó	every week
buwán-buwán	every month
tuwíng Sábado	every Saturday
tuwíng Paskó	every Christmas
tuwíng Disyémbre	every December
tumúlong	helped
tumugtóg	played music
gumísing	woke up

   Practice

Question	Response
Ano ang ginagawa mo?	*Sumusulat ako sa kaibigan ko.*

   Activities

   1. Students perform a series of actions limited to *-um-* verbs and the teacher or teammates ask: "Ano ang ginagawa niya?" The class must describe the students' actions.

      Example:

      a. Gumigising siya.
         Lumalangoy siya.
         Sumasayaw siya.

b. Kumakain siya.
   Ngumingiti siya.
   Tumatawa siya.

c. Sumusulat siya.
   Bumabasa siya.
   Tumatawag siya sa telepono.

d. Tumutugtog siya ng piyano.
   Umiinom siya.

Etc.

The action must be in progress when the reply is given.

2. A member of one team is sent out of the room to perform an action again limited to *-um-* verbs. The class must guess what he is doing. Start sentences with *siguro* 'perhaps, maybe'.

Examples:

   Siguro sumasayaw siya.
   Etc.

The teacher is informed of the action before the student leaves the room.

Grammar Notes

The incompleted (present/progressive) aspect of the *-um-* verbs is formed by reduplicating the first CV or V of the verb root and then affixing the *-um-* before the first vowel.

The following verbal paradigms (conjugations) show the changes that occur in the verbs to signal the different aspect forms.

Aspect	Process of Change	
	Reduplication	Affixation
1. Verb base: *basa* 'read'		
Infinitive		bu*m*asa
Completed aspect		bu*m*asa
Contemplated aspect	*ba*basa	
Incompleted aspect	*ba*basa ⟶	bu*m*abasa

```
2. Verb base: inom
   'drink'

   Infinitive                          uminom
   Completed aspect                    uminom
   Contemplated
      aspect              iinom
   Incompleted
      aspect              iinom ————————► umiinom
```

The incompleted aspect indicates action
still going on or not consummated. Its
closest equivalent in the English system
is the progressive tense.

Exercises:

1. Supply the missing sentences; make the verbs
   agree with the time expressions given below.

Ngayon	Bukas	Kahapon
Sumasayaw siya.	_____	_____
_____	_____	Kumanta siya kahapon.
_____	Kakain siya bukas.	_____
Sumusulat siya.	_____	_____
_____	Babasa siya bukas.	_____
_____	_____	Tumula siya kahapon.
_____	Iinom siya bukas.	_____
_____	_____	Tumakbo siya kahapon.

2. Construct sentences out of the following
   words:

   a. sulat/liham/mga kaibigan niya/tuwing/
      Pedro/Pasko

      Sumusulat si Pedro ng liham sa mga
      kaibigan niya tuwing Pasko.

198

b. sayaw/Maria/Manila Hotel/tuwing Sabado ng gabi

---

c. sulat/Manila Times/Luis/araw-araw

---

d. tugtog/Bernstein /konsiyerto/buwan-buwan

---

e. Pilita/radyo/kanta /tuwing Biyernes ng gabi

---

f. Nora/labas/telebisyon/tuwing Linggo

---

2. Talking about ongoing, habitual events using the *mag-/ma-* verbs:

Ano ang ginagawa mo araw-araw?
'What do you do every day'?

Vocabulary

Mag-	Verbs
maglagáy	to put
magbigáy	to give
magdalá	to bring
magpadalá	'to send' (lit.) to have carried
magsipílyo	to brush one's teeth
maghilámos	to wash one's face
magsukláy	to comb one's hair
maglúto'	to cook
magtápon	to throw away
maglabá	to wash clothes
magsulát	to write
magbasá	to read
magsayáw	to dance
maglínis	to clean
magbásketbol	to play basketball
mag-áral	to study

magsugál	to gamble
magdasál	to pray
mag-almusál	to have breakfast
mag-áhit	to shave

Ma- Verbs

ma-inís	to get peeved
magútom	to get hungry
ma-úhaw	to get thirsty
malungkót	to be sad
mapágod	to get tired
magálit	to get angry
manoód	to watch
maligo'	to shower, bathe
matúlog	to sleep
makiníg	to listen
matákot	to get scared

Practice

Question	Response
Ano ang ginagawa niya gabi-gabi?	*Nag-aaral, naliligo, at nanunood ng "T.V."*

Activities

Your teacher gives each student a piece of paper having one of the sentences below written on it (the sentences must be mixed up). The sentences should be read individually and memorized. Each sentence is given in response to the question "Ano ang ginagawa mo araw-araw?" At the end of this exercise, the students arrange the sentences in the order the actions might occur (as listed below) in one's daily routine.

1. Gumigising ako ng alas sais.
2. Naghihilamos ako ng mukha.
3. Nagsisipilyo ako ng ngipin.
4. Nagsusuklay ako ng buhok.
5. Nag-aalmusal ako ng alas sais y medya.
6. Umiinom ako ng kape.
7. Kumakain ako ng tinapay at itlog.
8. Pumapasok ako sa eskuwelahan.
9. Nag-aaral ako ng Ingles.

10. Nagsasalita ako ng Tagalog
11. Nakikinig ako sa guro.
12. Nagtatanghalian/Nananghalian ako ng
    alas dose.
13. Sumusulat ako sa magulang ko.
14. Nagbabasa ako ng libro.
15. Naglalaro ako ng alas singko.
16. Nagbabasketbol ako.
17. Naliligo ako.
18. Nagbibihis ako ng damit.
19. Naghahapunan ako sa kapeterya ng alas sais.
20. Nagmimiting kami ng alas siyete.
21. Natutulog ako ng alas onse.

Grammar Notes

The incompleted aspect of the *mag-* and *ma-*
verbs is signaled by the reduplication of
the first syllable of the verb base and the
change of *m-* in the affix to *n-* to indicate
action begun. The following shows the
paradigm of some verbs.

Verb Form	Process of Change		
	Reduplication	Affixation	M– to N–
1. *aral* 'study'			
Infinitive		mag-aral	
Completed		mag-aral	→ nag-aral
Contemplated	a-aral	→ mag-aaral	
Incompleted	a-aral	→ mag-aaral	→ nag-aaral
2. *laro* 'play'			
Infinitive		maglaro	
Completed		maglaro	→ naglaro
Contemplated	la-laro	→ maglalaro	
Incompleted	la-laro	→ maglalaro	→ naglalaro
3. *uhaw* 'thirst'			
Infinitive		ma-uhaw	
Completed		ma-uhaw	→ na-uhaw
Contemplated	u-uhaw	→ ma-uuhaw	
Incompleted	u-uhaw	→ ma-uuhaw	→ na-uuhaw
4. *ligo* 'bathe'			
Infinitive		maligo	
Completed		maligo	→ naligo
Contemplated	li-ligo	→ maliligo	
Incompleted	li-ligo	→ maliligo	→ naliligo

Some verb roots like *punta*, *basa*, *kanta*, and
sayaw can take either the *mag-* or *-um-* affix
without any difference in meaning.

201

Exercise:

Give the incompleted (progressive) form of the following verbs:

1. gutom _____   6. linis _____
2. basa _____   7. luto _____
3. aral _____   8. lamig _____
4. pagod _____   9. lagay _____
5. kinig _____   10. bigay _____

3. Talking about ongoing events using 'whenever': *Ano ang ginagawa mo kapag may klase?* 'What do you do when it's a school day'?

Vocabulary

Kapág magandá ang panahón	Whenever the weather is fine
Kapág may pások	Whenever there is class, work
Kapág Linggó	Whenever it's Sunday
Kapág naglulúto ang nanay	Whenever mother is cooking
Kapág may sakít ka	Whenever you're sick
Kapág kaarawán mo	Whenever it's your birthday
Kapág Paskó	Whenever it's Christmas
Kapág maága pa	Whenever it's early

Practice

Question	Response
Ano ang ginagawa mo kapag may pasok?	*Nag-aalmusal ako nang maaga.*

Activities

Answer the following questions:

1. Kapag may klase, ano ang ginagawa mo?
2. Kapag kaarawan ng tatay mo, ano ang ginagawa mo?
3. Ano ang ginagawa mo kapag may sakit ka?

4. Ano ang ginagawa mo kapag walang pasok?
5. Kapag maganda ang panahon, ano ang ginagawa mo?

DIALOG VARIATION

Read the following dialog with a partner.

Sa Tabing-Dagat

A: Hoy, Ben, nasaan ka *tuwing Sabado*?
B: *Pumupunta* ako sa tabing-dagat.
A: Ano ang *ginagawa* mo roon?
B: Lumalangoy, kumakain, at nagdya- "jogging."

Now change the time expression *tuwing Sabado* to *noong Sabado* and make corresponding changes in verb forms in the above subjects.

Change *noong Sabado* to *sa Sabado* and make the necessary changes.

CUMULATIVE ACTIVITIES

1. Cumulative Dialog: With not less than ten interchanges create a dialog with your partner using most of the structures you have learned so far.

   Example:
   (1)   A: Hoy, Nena, kumusta.

          B: Mabuti naman.

   (2)   A: Saan ka pupunta?

   (3)   B: Sa Ala Moana. Gusto mong sumama?

   (4)   A: Wala akong "allowance." Anong araw ngayon?

          B: Miyerkules.

   (5)   A: Anong petsa?

          B: A-trese.

          A: Sa Biyernes na lang. May pera na ako.

   (6)   B: Bakit wala ka sa bahay noong Sabado? Ano ang ginawa mo?

          A: Lumangoy kami sa Hanauma Bay.

   (7)   B: Anong oras?

                    A: Alas tres.

    (8)   B: Sinu-sino kayo?

    (9)   A: Sina Mary, Bob, at Bill. Ikaw, ano
                        ang ginawa mo noong Sabado't Linggo?

                    B: Wala. May sakit ako.

    (10)   A: Ay, kawawa ka naman! Anong gagawin
                        mo sa Ala Moana?

                    B: Bibili ako ng rekord.

    (11)   A: Kanino? Kay Peter Frampton?

                    B: Oo, siyempre.

2. Make your own daily schedule.

    Example:
            6:00 Gumigising ako.
            6:30 Nag-aalmusal ako.
            7:00 Pumapasok ako.
            8:00 Etc.

         8:00 _____
         9:00 _____
        10:00 _____
        11:00 _____
        12:00 _____
         1:00 _____
         2:00 _____
    (etc., up to the time you go to bed)

3. Present Tense (Progressive): You are a private
    detective, looking through a window across the
    street with a pair of binoculars. Describe what
    the man and woman are doing as you follow their
    suspicious moves. Be suspenseful, and make your
    own ending.

GRAMMAR EXERCISES

1. Create the sentences using the cues given. Use
    the incompleted form of the verb.

Cue

a. kain/Enrique   Kumakain si Enrique.
   (tanong "question")   Kumakain ba si Enrique?
   sa kapeterya   Kumakain ba si Enrique
                                   sa kapeterya?

b. sulat/estudyante   _____
   (tanong)   _____
   ng kuwento   _____

c. kanta/siya   _____
   sa Kahala Hilton   _____
   ng bilang niya   _____

d. sayaw/Monet   _____
   ng "Tinikling"   _____
   sa entablado   _____

e. laba/nanay   _____
   (tanong) ng damit   _____
   sa ilog   _____

f. nood/sila   _____
   ng boksing   _____
   sa istadiyum   _____

2. Change the form of the verbs in the following
    sentences according to the time expression given:

    a. Nagsauli siya ng libro.

       _____ linggo-linggo.
       _____ sa Lunes.
       _____ kahapon ng hapon.

    b. Nagugutom siya.

       _____ kanina.
       _____ mamaya.
       _____ gabi-gabi.

    c. Susulat siya sa nanay niya.

       _____ araw-araw.

_____ noong isang linggo.

_____ sa Sabado.

d. Nagpapadala siya ng pera.

_____ buwan-buwan

_____ noong kamakalawa.

_____ sa darating na
Linggo.

_____ sa isang buwan.

LISTENING EXERCISE

Sanaysay: Kapag May Klase   Essay: School Days

*Estudyante sina Beth
at Gail. Kapag may klase,
nag-aalmusal sila sa bahay
ng alas sais. Pumapasok
sila sa eskuwela ng alas
siyete. Kumakain sila sa
kapeterya ng alas dose ng
tanghali. Pumapasok ulit
sila sa klase ng ala una.
Pagkatapos, nagpupunta
sila sa parke. Nagdya-
"jogging" sila tuwing
hapon. Umuuwi sila ng
alas sais. Naghahapunan
sila ng alas sais y medya.
Nag-aaral sila sa gabi.
Natutulog sila ng alas
onse.*

Beth and Gail are
students. When there are
classes, they have break-
fast at home at six
o'clock. They go to
school at seven. They
have lunch at the cafe-
teria at twelve noon.
They go back to class at
one. Afterwards, they
go to the park. They jog
every afternoon. They go
back home at six o'clock.
They have dinner at six-
thirty. They study at
night. They go to bed at
eleven.

Mga Tanong

1. Ano ang ginagawa nila sa alas sais ng umaga?
2. Ano ang ginagawa nila sa alas siyete ng hapon?
3. Ano ang gingagawa nila sa alas dose ng
    tanghali?
4. Ano ang ginagawa nila sa ala una?
5. Ano ang ginagawa nila sa hapon?
6. Ano ang ginagawa nila sa alas sais y medya?
7. Ano ang ginagawa nila sa gabi?
8. Ano ang ginagawa nila sa alas onse?

READING EXERCISES

1. Read the following paragraph then answer the
    questions below:

Mga estudyante sina Paul at Mary. Pero hindi sila nag-aaral ngayon. Sabado ngayon. Nasa parke sila. Naglalaro sila ng tenis. Nasa parke rin si Susan pero hindi siya naglalaro ng tenis. Nanunood siya kina Paul at Mary. Hindi siya naglalaro ng tenis kasi wala siyang raketa. Gusto niyang maglaro ng tenis.	Paul and Mary are students. But they are not in school today. Today is Saturday. They're in the park. They're playing tennis. Susan is also in the park but she is not play- ing tennis. She is watching Paul and Mary. She is not playing tennis because she has no racket. She wants to play tennis.

Mga Tanong

Nasaan sina Paul at Mary?
Ano ang ginagawa nila?
Sino pa ang nasa parke?
Naglalaro ba si Susan ng tenis?
Bakit?
Ano ang gusto niyang gawin?
Gusto mo bang magtenis?

2. Read the following letter and answer the questions at the end.

Ika-8 ng Hunyo, 1984

Mahal kong Minerva,

   Kumusta kayo? Ako'y nagsasaya rito sa Pilipinas. Dumating kami kahapon. Mula sa "air- port" ay sumakay kami ng taksi patungo sa otel. Kagabi naman ay nilibot namin ang mga bagong otel at "night clubs" dito sa Maynila. May bagong ugali ang mga tao rito. Naglilipat-lipat sila ng otel. Kumakain sila ng hapunan sa isa, nagmama- tamis at nagkakape sa isa pang otel, at nagsasayaw sa isa pa ring otel. "Hotel-hopping" ang tawag nila rito.

   Ngayon ay nagpapasyal kami sa Quiapo. Bumibili rin kami ng pasalubong. Pupunta kami sa Luneta at sa Fort Santiago. Dadaan din kami sa Convention Center, Cultural Center at sa Dress Museum. Manunood kami ng sarsuela sa Philippine Cultural Center.

Bukas ay pupunta kami sa Baguio. Magbubus
kami ng limang oras. Dalawang araw kami roon.
Pagkatapos ay pupunta kami sa Ilokos. Sayang at
hindi namin makikita ang Banawe Rice Terraces.
Wala nang panahon.

Ginagamit ko ang aking Tagalog rito.
Naiintindihan naman nila. Kaya, masaya na rin
ako. Susulat ako uli pagdating namin sa Baguio.

Sana pumunta ka rin dito sa susunod na taon.

Sumasaiyo,

Johnny

Vocabulary

nagsasayá	having fun
patúngo	on the way to; headed for
nilíbot	went around; toured
ugáli'	habit; way
naglilipát-lipát	moving from one place to another
nagmamatamís	having dessert
Quiápo'	the downtown district of Manila
pasalúbong	gifts brought back from a trip
Lunéta	park beside the Manila Bay
Fort Santiágo	part of the old walled city, built by the Spaniards and used as a dungeon by the Japanese; now a tourist spot
Convention Center	building beside the sea used for conventions
Cultural Center	a building for the performing arts
Dress Museum	a museum for historical and traditional Filipino costumes

sáyang	too bad
makikíta	will see
naiintindihán	understand
pag-	when
susunód	next
sumasaiyó	yours truly

Questions

1. Nasaan si Johnny?
2. Kailan siya dumating doon?
3. Saan sila sumakay patungo sa otel?
4. Ano ang nilibot nila?
5. Ano ang ginagawa ng mga Pilipino?
6. Ano ang binibili ni Johnny?
7. Saan sila pupunta?
8. Kailan sila pupunta sa Baguio?
9. Saan sila pupunta pagkatapos ng Baguio?
10. Ano ang hindi nila makikita?
11. Bakit?
12. Bakit masaya si Johnny?
13. Gusto ba ni Johnny pumunta si Minerva sa Pilipinas?

WRITING EXERCISES

1. Write the correct form of the verb using the time expressions as cues:

a. sa Sabado	pasok	_____
b. ngayon	basa	_____
c. noong Linggo	inom	_____
d. kagabi	-nood	_____
e. araw-araw	luto	_____
f. tuwing Biyernes	laba	_____
g. noong kamakalawa	linis	_____
h. gabi-gabi	ulan	_____
i. sa tanghali	tulog	_____
j. sa makalawa	aral	_____
k. sa isang taon	punta	_____
l. kaninang umaga	sakay	_____
m. mamayang hapon	pasyal	_____
n. noong isang linggo	laro	_____
o. kahapon ng hapon	uwi (-um) ('go home')	_____

2. Write the correct form of the verbs in parentheses:

a. Mga Gawain Ko

Tuwing umaga, (1. *ligo*) _____ (2. mag-
ahit 'shave') _____ (mag- *suklay*
'comb') _____ at (3. *kain*) _____
ako ng almusal. (4. mag- *sipilyo* 'brush')
_____ at (5. mag- *bihis* 'dress') _____
_____ ako bago (6. um- *pasok* 'go') _____
_____ sa opisina. Sa opisina, (7.
sulat) _____, (8. um- *sagot* 'answer')
_____ sa telepono, (9. mag- *makinilya*
'type') _____ at (10. mag- *ayos* 'fix')
_____ ako ng mga papeles.

Sa darating na "weekend," (11. *punta*)
_____ kami sa "beach." (12. *langoy*)
_____ kami at (13. mag- *piknik*)
_____. Pagkatapos, (14. *kuha*)
_____ kami ng "shells" at (15. mag-
laro 'play') _____ sa damo.

Kahapon, (16. mag- *pasyal* 'visit') _____
_____ kami sa bahay ni Nel. (17. *inom*) _____
_____ kami ng "coke" at (18. *kain*)
_____ ng masarap na meryenda.
Tapos, (19. um- *tugtog* 'play (instrument)')
_____ siya ng gitara at (20. *kanta*)
_____ kami.

b. Kapag Linggo

Tuwing Linggo, marami akong trabaho. (1. fix)
_____ ng kuwarto, (2. clean) _____
_____ ng banyo, (3. go grocery shopping)
_____ at (4. cook) _____.
Pagkatapos, (5. take a shower) _____,
(6. study Tagalog) _____, at
(7. sleep) _____.

Pero noong Linggo, hindi ako (8. worked)
_____. (9. watched) _____
ng sine, at (10. ate) _____ sa
labas. (11. saw) _____ ko ang mga
kaibigan ko. (12. Were eating) _____
din sila. Tapos, (13. played) _____
ako ng basketbol.

c. May Piyesta
May piyesta sa isang Linggo. (1. Go) _____
_____ ako sa probinsiya. (2. Take a walk)
_____ ako sa bukid at (3. take a
bath) _____ sa ilog. (4. Go)_____
_____ ako sa bayan at (5. listen) _____
_____ ako sa musiko. Tapos, (6.
watch) _____ ako ng "stage show."
Pag napagod ako, (7. rest) _____
ako at (8. sleep) _____ ako
sa bahay ng pinsan ko doon.

3. Fill in the blanks with the appropriate verbs
   below. Be sure to write the correct form of the
   verb.

   (1) _____ siya. (2) _____ siya ng
   mga nobelang Tagalog, (3) _____ siya ng
   pelikulang ('movies') Tagalog, at (4) _____
   siya sa restaurang Pilipino. (5) _____
   din siya ng Tinikling at marunong siyang (6)
   _____ ng kundiman ('love songs').
   Mayroon siyang nobyong ('boyfriend') Pilipino.
   Noong Linggo, (7) _____ dito ang nobyo
   ni Marie. (8) _____ raw si Marie sa
   Pilipinas at doon sila (9) _____.
   (10_____ si Marie. Gusto niya doon
   sa Pilipinas.

211

```
Verbs:   aral  (mag)          sama   (um)
         basa  (um)           nood   (ma)
         tira  (um)           kanta  (um)
         kain  (um)           payag  (um)
         sayaw (um)           punta  (um)
```

4. Conversion Exercise

    a. Go back to the essay "Kapag May Klase."
        Change "Kapag May Klase" to "Kahapon" and
        make the necessary changes in the verb form.

    b. Change "Kapag . . ." to "Bukas . . ." and
        make the necessary changes. Write a letter
        to a friend about your trip to the mainland
        or any trip you have taken. Use Johnny's
        letter as a model.

PRONUNCIATION DRILL

Word Drill

  -*Um*- Verbs (Incompleted Action)

  Root:

*i*nóm	um*i-i*nóm
*k*antá	*k*um*a-k*antá
*s*áma	*s*um*a-s*áma
*s*ayáw	*s*um*a-s*ayáw
*p*untá	*p*um*u-p*untá
*t*ugtóg	*t*um*u-t*ugtóg
*l*abás	*l*um*a-l*abás
*ng*ití'	*ng*um*i-ng*ití'
*g*ísing	*g*um*i-g*ísing
*b*ása	*b*um*a-b*ása

  In- Verb (Incompleted Action)

*g*awá'	*g*in*a-g*awá'

  Mag- Verbs (Incompleted Action)

labá	maglabá	nag*la*labá
áral	mag-áral	nag-a*á*ral
sipílyo	magsipílyo	nag*si*sipílyo

  Ma- Verbs (Incompleted Action)

túlog	matúlog	na*tu*túlog
tahí'	manahí	na*na*nahí'
-kiníg	makiníg	na*ki*kiníg
-noód	manoód	na*nu*noód

212

SELF-ASSESSMENT LIST

By the end of this lesson you should be able to:

1. Use the incompleted aspect of the *-um-*, *mag-*, *ma-* verbs to express habitual action or ongoing action.

2. Change *-um-*, *mag-*, *ma-* verbs into past, present, and future forms in agreement with the time expressions.

3. Construct and pronounce the incompleted (progressive) form of the *-um-*, *mag-*, *ma-* verbs.

Lesson 21

DESCRIBING SOMETHING GOING ON

DIALOG: TSAMPIYON NG BASKETBOL

Makinig at Intindihin:

(Nakikinig sina Bob at Bill sa radyo.)

(Bob and Bill are listening to the radio.)

BOB:
Sana manalo tayo.

I hope we win.

BILL:
Huwag kang maingay. Hindi ko marinig.

Quiet. I can't hear it.

SPORTSCASTER:
Mga kaibigan, heto na ang istar natin. Ihahagis na niya ang bola. Ayon! "Shoot!" Ihinagis niya ang bola at pumasok sa basket. Panalo ang Lincoln College!

Friends, here comes our star. He is going to throw the ball. He's throwing the ball. There it goes. Shoot! He has thrown the ball and it's gone into the basket. Lincoln College wins the game.

BILL & BOB:
Ang galing niya!

He's great!

Mga Tanong

1. Ano ang ginagawa nina Bob at Bill?
2. Anong laro ang pinakikinggan nila?
3. Nanalo ba sila? Bakit?

MINI DIALOGS

1. Talking about what someone will do to something:
    Isasara ko ang pinto.   'I'll close the door'.

    Vocabulary

ihágis (mag-)	to throw, hurl
isará (-an)(mag-)	to close
itúro (mag-)	to teach, point

214

ibukás (-an)(mag-)	to open
ilága' (mag-)	to boil
ibigáy (mag-)	to give
itágo' (mag-)	to hide
idagdág (mag-)	to add
hugásan (mag-)	to wash
labhán (mag-)	to launder
punásan (mag-)	to wipe
laruín (mag-)	to play with
linísin (mag-)	to clean
walisín (-an)	to sweep
diligín (mag-)	to water plants
dal(a)hín (mag-)	to carry
halúin (-um-)	to mix
sunúgin (-um-)	to burn
hiwáin (-um-)	to slice, cut
isaúli (mag-)	to return
itaním (mag-)	to plant
itápon (mag-)	to throw away
kaínin (-um-)	to eat
ilúto' (-in)(mag-)	to cook
kúnin (-um-)	to get
bil(i)hín (-um-)	to buy
hiramín (-um-)	to borrow
sulátin (-um-)	to write
tahiín (-um-)	to sew
inumín (-um-)	to drink
basáhin (-um-)	to read
gamítin (-um-)	to use
pukpukín (-um-)	to pound, crush
abutín (-um-)	to reach out for
gawín (-um-)	to do
hingín (-um-)	to ask for
sayawín (-um-)	to dance something

Practice

Question	Response
Ano ang gagawin mo?	<u>*Isasauli*</u> *ko ang libro niya.*
	Babasahin
Ano ang isasauli 'mo?	*Libro niya ang isasauli ko.*

Activities

1. Say what you will do with each of the follow-
    ing objects: pictures or the actual objects
    may be used as cues. Give as many sentences
    as you can for each one.

    a. ball   Ihahagis ko ang bola.
    b. book   _____
    c. tree   _____
    d. money   _____
    e. garbage   _____
    f. food   _____
    g. key   _____
    h. letter   _____
    i. pen   _____
    j. gift   _____

2. Do a question-and-answer drill based on the
    sentences given above.

    Example:

    S1 (Sentence): Ihahagis ko ang bola.

    S2 (Question): (Pretending not to have
                    heard the sentence)
                    Ano ang ihahagis niya?

    S3 (Response): Bola ang ihahagis niya.

    Etc.

    Note the use of *ang* before the verb in the
    question and the shifting of the object
    bola to first position in the response.

3. Do a chain drill following the examples
    given below:

S1: *Iinom* ako.　　　　　(1)

S2: Ano ang iinumin mo?

S1: *Tubig.*　　　　　　　(2)

1	2
kain	pansit
luto	kanin
basa	leksiyon sa Tagalog
bili	barong-Tagalog
linis	ang kuwarto ko
sayaw	"Pandanggo sa Ilaw"
kanta	"Dahil sa Iyo"

4. Read the following recipe. If you were asked how to cook chicken adobo, what would you say?

Adobong Manok	Chicken Adobo
Mga Rekado:	Ingredients:
2 librang manok, hiniwa, asin at paminta ayon sa lasa	2 lbs. chicken, cut into pieces, salt and pepper to taste
1 ulo ng bawang, pinukpok	1 clove garlic, minced
1 kutsarita, itim na paminta	1 tsp. black peppercorn
1/2 tasang suka	1/2 cup vinegar
1/2 dahon ng laurel	1/2 bay leaf
mantika	cooking oil
Hiwain nang maliliit ang manok.	Cut the chicken into small pieces.
Pukpukin ang bawang.	Crush the garlic.
Ilagay ang manok, asin, paminta, at bawang sa kaldero.	Place the chicken, salt, pepper, and garlic in kettle.
Haluin ito.	Mix.
Idagdag ang laurel at suka.	Add bay leaf and vinegar.
Lutuin ng kalahating oras.	Cook for half an hour.

Idagdag ang toyo.	Add the soy sauce.
Lutuin pa ng kalahating oras.	Cook for another half-hour

Answer: *Hihiwain* ko nang maliliit ang manok. Etc.

If you have another recipe for *adobo*, talk about it in class.

2. Talking about what someone did to something:

Isinauli niya ang libro ni Nena.
'She returned Nena's book'.

Vocabulary

sorbétes	ice cream
haláman	plant
isdá'	fish
gátas	milk
pláka	phonograph record
páyong	umbrella

Practice

Question	Response
Ano ang ginawa niya?	*Isinauli niya ang libro ni Nena.*
Ano ang binasa niya?	*Libro ni Nena ang binasa niya.*

Activities

1. Pretend something is missing. Explain what happened to it by using *i-* or *-in* verbs.

   Example:

   S1: Nasaan ang susi?

   S2: Kinuha ni Marie (ang susi).

   a. Nasaan ang pera?

   _____

   b. Nasaan ang sorbetes?

   _____

c. Nasaan ang payong?

_____

d. Nasaan ang halaman?

_____

e. Nasaan ang isda?

_____

f. Nasaan ang gatas?

_____

g. Nasaan ang libro ko sa Tagalog?

_____

h. Nasaan ang plaka ng Beatles?

_____

i. Nasaan ang kotse?

_____

2. Using the "Chicken Adobo Recipe" as your model, describe how you cooked adobo. Talk about your own version of the recipe if you wish.

   Example:

   Hiniwa ko nang maliit ang manok.
   Etc.

3. Talking about what someone does to something:
   Ano ang ginawa mo sa tela?
   'What did you do with the fabric/cloth?'

Vocabulary

téla	fabric
bakúran	backyard
gúlay	vegetables
damít	clothes
magplántsa	to iron clothes
bákit	why
serbésa	beer
úlam	viand, dish
tulá'	poem

219

lugár	a place
pagkáin	food
diyáryo	newspaper
nobéla	novel

Practice

Question	Response
Ano ang ginagawa mo sa gulay?	<u>*Hinuhugasan*</u> *ko ang gulay. Hinihiwa. . .*

Activities

After previous consultation with your teacher, perform a series of actions in front of the class. The class describes what you are doing.

Example:

    Kinukuha niya ang lapis.
    Ibinibigay niya kay Maria.
    Ibinibigay ni Maria ang lapis sa guro.
    Inilalagay ng guro ang lapis sa ibabaw ng mesa.
    Kinukuha ni Nel ang lapis.
    Inilalagay niya sa ilalim ng silya.
    Etc.

Change the verb form to completed action. Report what happened.

Example:

    (after the student gets the pencil)
    Kinuha niya ang lapis.
    Etc.

Grammar Notes

I- and *-An* Goal or Object Focus Verbs

1. Generally, the goal focus is indicated by the *-in* affix. There are some verbs, though, that require an *i-* or *-an* affix to focus on the goal complement or noun phrase.

   Examples:

bukas	⟶ ibukas, buksan
hagis	⟶ ihagis
laba	⟶ labhan

---

2. Usually, the *-in* affix corresponds to the actor focus affix *-um-* and *i-* and *-an* affixes are the goal focus counterpart of the *mag-* actor focus affix.

3. The following verbal paradigms show the aspect system of the *i-* and *-an* goal focus affixes.

4. Some verbs can take either the *i-* or *-an* goal focus affix; e.g., *bukas*, *sara*, etc.

Aspect	Process of Change	
	Reduplication	Affixation

1. Verb base: *bukas*

Infinitive		*i*bukas
Completed		*ibin*ukas
Contemplated	bubukas ⟶	*i*bubukas
Incompleted	bubukas ⟶	*ibin*ubukas

2. Verb base: *punas* 'wipe'

Infinitive		punas*an*
Completed		p*in*unas*an*
Contemplated	pupunas ⟶	pupunas*an*
Incompleted	pupunas ⟶	p*in*upunas*an*

1. Verb base: *laba* 'launder'

Infinitive		lab*han* ~ lab*an*
Completed		ni lab*han* ~ l*in*ab*han*
Contemplated	*la*laba ⟶	lalab*han* ~ lalab*an*
Incompleted	*la*laba ⟶	n*i*lalab*han* ~ l*in*alab*han*

2. Verb base: *bukas* 'open' (with *-an*)

Infinitive		buks*an*
Completed		b*in*uks*an*
Contemplated	bubukas ⟶	bubuks*an*
Incompleted	*bu*bukas ⟶	b*in*ubuks*an*

Note the following:
a. that in the completed and incompleted forms of the verbs, *-in-* is infixed to indicate action started.

Exercises:

1. Construct sentences having the contemplated
   (future) form of the verb from the cues
   given.

   a. bukas/bintana   _____

   b. sara/pinto   _____

   c. turo/lugar   _____

   d. sauli/libro   _____

   e. tago/pera   _____

   f. tanim/puno   _____

   g. tapon/basura   _____

   h. luto/ulam   _____

   i. lagay/susi/mesa   _____

   j. bigay/sulat/guro   _____

2. Question-Answer Drill: Construct *ano*
   questions using the future form of the
   verb from the cues given, then answer them.

Cue	Question	Response
a. hagis/bola	Ano ang ihahagis mo?	Bola ang ihahagis ko.
b. bukas/pinto		
c. sara/bintana		
d. turo/lugar		
e. sauli/libro		
f. tago/pera		
g. tapon/basura		
h. tanim/puno		
i. lagay/susi/mesa		
j. bigay/sulat/guro		

3. Transformation Question-Answer Drill: Using the past form of the verb, change the sentences into *ano* questions, then answer them.

Sentence: Itinapon ni Maria ang basura.
Question: Ano ang itinapon niya/ni Maria?
Response: Basura ang itinapon niya.

a. Itinago niya ang pera.

_____

_____

b. Isinauli ng estudyante ang libro.

_____

_____

c. Isinara ng bata ang bintana.

_____

_____

d. Inilagay ko ang susi sa mesa.

_____

_____

e. Itinanim ng hardinero ang halaman.

_____

_____

f. Iniluto ng kusinera ang kari-kari.

_____

_____

4. Change the sentences above to actor focus sentences. Note the article before the nouns.

Example:

Nagtapon *si* Maria *ng* basura.

a. Nagtago   _____
b. Nagsauli   _____
c. Nagsara   _____
d. Naglagay   _____

e. Nagtanim _____

f. Nagluto _____

5. Association Drill: Using the incompleted form of the verb, associate *i-* verbs with the following nouns.

a. pinto   ibinubukas _____

                 isinasara _____

b. basura _____

_____

c. pera _____

_____

d. halaman _____

_____

e. pagkain _____

_____

f. bola _____

_____

g. puno _____

_____

h. bintana _____

_____

i. libro _____

_____

-In Verbs

The incompleted aspect of the *-in* verbs is indicated by reduplicating the first CV or V of the root and then affixing *in* before the first vowel of the resulting form.

The following paradigms show the processes involved in the derivation of the different aspectual forms.

Aspect	Process of Change		
	Redupli-cation	Suffix-ation	Affixation of *-In*
1. Verb base: *kain* 'eat'			
Infinitive		kain*in* kan*in*	
Completed			k*in*ain
Contemplated	*k*akain ⟶	kakain*in*	
Incompleted	*k*akain ⟶	⟶	k*in*akain
2. Verb base: *abot* 'reach'			
Infinitive		abot*in*	
Completed			*in*abot
Contemplated	*a*abot ⟶	aabot*in*	
Incompleted	*a*abot ⟶	⟶	*in*aabot
3. Verb base: *linis* 'clean'			
Infinitive		linis*in*	
Completed			n*i*linis ~ *l*ininis
Contemplated	*l*ilinis ⟶	lilinis*in*	
Incompleted	*l*ilinis ⟶	⟶	n*i*lilinis ~ *l*inilinis

The symbol ~ means 'alternative with'. The alternate forms of *kainin* and *kakainin* are *kanin* and *kakanin*, respectively, where the vowel *i* before *n* is dropped and a compensatory lengthening of *a* before *n* takes its place. In the last example, the verb base *linis* begins with *l* and the more common affixed form in the completed and incompleted aspects of bases beginning with *l* is with the prefix *ni-* instead of the infix *-in-*.

Note that when the base acquires a suffix, the original stress is shifted to the following syllable.

Exercises:

1. Substitute the verbs given below for *bibilhin*:

225

a. bili   Ano ang *bibilhin* niya?
b. kuha   Ano ang kukunin niya?
c. dala   _____
d. abot   _____
e. kain   _____
f. linis   _____
g. luto   _____
h. gawa   _____
i. gamit   _____
j. hiram   _____

2. Substitute the verbs given below for
   lulutuin:

   a. luto   *Lulutuin* niya ang pagkain.
   b. bili   _____
   c. kuha   _____
   d. dala   _____
   e. abot   _____
   f. kain   _____
   g. init   _____

3. Substitute the verbs and objects given below:

   a. inom/serbesa   *Iinumin* ko *ang serbesa.*
   b. kain/pansit   _____
   c. basa/diyaryo   _____
   d. dilig/halaman   _____
   e. hiram/libro   _____
   f. dala/plaka   _____
   g. hingi/bulaklak   _____
   h. luto/ulam   _____

4. Conversion Drill: Change the preceding
   goal focus sentences (nos. 2 and 3) to actor
   focus sentences:

   Examples:

       (2) Lulutuin niya ang pagkain.
           Magluluto siya ng pagkain.

226

(3) Iinumin ko ang serbesa.
Iinom ako ng serbesa.

5. Using the past form of the *-in* verb, construct questions and responses following the cues given below.

Cue	Question	Response
a. kain/manok	Ano ang kinain mo?	Manok ang kinain ko.
b. bili/damit	_____	_____
c. kuha/libro	_____	_____
d. hiram/pera	_____	_____
e. luto/ulam	_____	_____
f. dala/tuwalya	_____	_____
g. sulat/tula	_____	_____
h. laro/tenis	_____	_____
i. linis/kotse	_____	_____

6. Using the incompleted/progressive form of the verb, construct sentences from the following cues:

a. tahi/damit	*Tinatahi* niya *ang damit*.
b. basa/nobela	_____
c. kain/balut	_____
d. inom/gatas	_____
e. kuha/sulat	_____
f. sunog/basura	_____
g. dilig/halaman	_____
h. luto/ulam	_____
i. linis/bahay	_____
j. walis/bakuran	_____

7. Change the sentences above into *ano* questions and then give the corresponding responses.

Example:

Question: Ano ang tinatahi niya?
Response: Damit ang tinatahi niya.

227

CUMULATIVE ACTIVITIES

1. Role-play a dialog in which you complain to a
   friend how inconvenient it is for your parents
   to be away on a trip. You could enumerate what
   you do every day, what you did yesterday, and
   what you will have to do the following days. Use
   i- and *mag-* verbs only.

   Example:

   Araw-araw, niluluto ko ang pagkain ko.

   Kahapon, nagluto *ako* ng _____

   _____

   _____

   Kagabi, itinapon ko ang basura. _____

   _____

   _____

   Bukas, maglilinis ako ng bahay.

   _____

   _____

2. Cooking demonstration: The class can have a real
   party. Each group is in charge of one Filipino
   dish (*adobo, lumpiya, pansit, pinakbet, relyeno,*
   etc.). The spokesman of each group describes
   what each of its members is doing. Vocabulary
   expressions should be studied before the presen-
   tation.

   Example:

   Hinihiwa ni Peter ang sibuyas.

3. Explain a procedure for how to make something: a
   recipe, a game, objects, etc. Use the command
   form of the verbs. You can imagine writing a
   "How to" book on the following topics:

   > How to make a lei
   > How to play baseball
   > How to wash a car
   > How to shop for a new house
   > How to use a pay phone, or call long distance
   > How to be a tourist (places to see, things to
   >   do or not do)
   > How to clean a house
   > How to drive (read signals, interpret signs)
   > Etc.

Variation: Describe to your friend on the phone that last weekend (or this coming weekend) you did (or will do) one of the activities above.

Example:

Making a lei

Kagabi, kumuha ako ng mga bulaklak sa
    bakuran, bumili ako ng sinulid, . . .
Sa Sabado, kukuha ako ng bulaklak sa
    bakuran . . .

PRONUNCIATION DRILLS

Word Drill

I- Verb Drill

Neutral	Contemplated	Completed	Incompleted
itúro'	itutúro'	itinúro'	itinutúro'
ibigáy	ibibigáy	ibinigáy	ibinibigáy
isaúli'	isasaúli'	isinaúli'	isinasaúli'
ihágis	ihahágis	inihágis	inihahágis
ilagáy	ilalagáy	inilagáy	inilalagáy

Note the inversion of the *in*- infix to *ni* before *h*'s and *l*'s. The regular forms ih*in*agis and īl*in*agay are used, too, but less often.

-*In* Verb Drill

Note the shift in stress to the next syllable after -*in* or -*hin* is affixed.

Root	Neutral	Contem- plated	Com- pleted	Incom- pleted
1. abót	abutín	aabutín	inabót	inaabót
hirám	hiramín	hihiramín	hinirám	hinihirám

(Note the loss of the suffix -*in* in the completed and incompleted forms.)

| 2. bása | basáhin | babasáhin | binása | binabása |

(Note the use of -*hin* after vowel sounds.)

| 3. lúto' | lutúin | lulutúin | nilúto' | nilulúto' |

(Note the inversion of *in*- to *ni* before *l*'s in the completed and incompleted forms.)

4. bilí   bil(i)hín bibilhín binilí   binibilí
   dalá   dal(a)hín dadalhín dinalá   dinadalá

   (Note the loss of the second vowel sound in
   the neutral and contemplated forms.)

5. kúha   ku(há)nin kukúnin kinúha   kinukúha

   (Note the dropping of -ha in the neutral and
   contemplated forms.)

2. Sentence Drill

    Ano ang ginawá mo?
    Ano ang ginágawa mo?
    Ano ang gágawin mo?

SELF-ASSESSMENT LIST

By the end of this lesson you should be able to:

1. Use the three aspects of the *i-*, *-in*, *-an* verbs.

2. Contrast the use of *i-*, *-in*, *-an* verbs from
    mag-, *-um-* verbs.

3. Construct and pronounce the three forms of the
    i-, *-in*, and *-an* verbs.

Lesson 22

STATING EXISTENCE AND EXPRESSING POSSESSION

DIALOG: MAY SELYO KA BA?

Makinig at Intindihin:

MARGE:
Gail, may selyo ka ba?	Gail, do you have stamps?

GAIL:
Wala akong selyo.	I don't have any. Maybe
Baka si Beth, mayroon.	Beth does.

MARGE:
Talaga? Pakitanong mo	Really? Could you ask
nga.	her?

GAIL
Sige, sandali lang.	All right. Just a minute.
Beth, mayroon ka bang	Beth, do you have stamps?
selyo?	

BETH:
Sori, ha. Wala, eh.	Sorry, I don't have any.

MARGE:
Hindi bale. Itatanong	Never mind. I'll ask the
ko sa iba.	others.

Mga Tanong

1. Ano ang hinihingi ni Marge?
2. May selyo ba si Gail?
3. Mayroon bang selyo si Beth?

MINI-DIALOGS

1. Talking about the existence or absence of something:

   May (Mayroong) kotse sa garahe.
   'There is a car in the garage'.

   Vocabulary

aklátan	library
tindáhan	store

231

sigarílyo	cigarette
kéndi	candy
deláta	canned goods
súka'	vinegar
tóyo'	soy sauce
bakyá'	wooden shoe
biskuwít	crackers
isdá'	fish
manók	chicken
panaderyá	bakery
pagkáin	food
bapór	boat
pálay	unhusked rice
patíng	shark
bulaklák	flower
estudyánte	student
nars	nurse
doktór	doctor
pilóto	pilot
pasiyénte	patient
eropláno	airplane
tsupér	driver
karné	meat
táo	person, people
tinápay	bread
gúlay	vegetable
kalabáw	water buffalo
báboy	pig
gusáli'	building
santó	saint
sopá	sofa
káma	bed
kusína'	kitchen
kalán	stove
síne	movies

palabás	show
restaurán	restaurant

Practice

Question	Response
May libro ba sa mesa?	1. *Oo, (may libro sa mesa)?*
Mayroon bang libro sa mesa?	2. *Mayroon (-g libro sa mesa.)*
	3. *Wala, (walang libro sa mesa.)*

Activities

1. What can you find in the following places?

   a. Sa garahe   May kotse sa garahe. _____

   b. Sa aklatan _____

   c. Sa tindahan _____

   d. Sa palengke _____

   e. Sa dagat _____

   f. Sa bukid _____

   g. Sa plorera _____

   h. Sa eskuwela _____

   i. Sa ospital _____

   j. Sa "airport" _____

   k. Sa bus _____

   l. Sa bakuran _____

   m. Sa siyudad _____

   n. Sa simbahan _____

   o. Sa sala _____

   p. Sa kuwarto _____

   q. Sa kama _____

   r. Sa sine _____

   s. Sa restauran _____

   t. Sa panaderya _____

2. Using *may* or *mayroon* and *wala*, compare a series of two or three pictures and decide what exists or is missing in each.

Example:

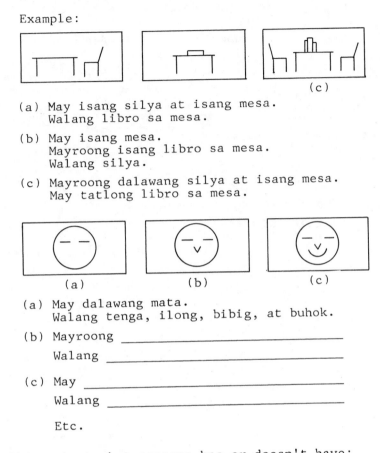

(a) May isang silya at isang mesa.
Walang libro sa mesa.

(b) May isang mesa.
Mayroong isang libro sa mesa.
Walang silya.

(c) Mayroong dalawang silya at isang mesa.
May tatlong libro sa mesa.

(a)   (b)   (c)

(a) May dalawang mata.
Walang tenga, ilong, bibig, at buhok.

(b) Mayroong _____

Walang _____

(c) May _____

Walang _____

Etc.

2. Talking about what someone has or doesn't have:

Mayroon ka bang payong?
'Do you have an umbrella'?

Vocabulary

bisikléta	bicycle
páyong	umbrella
kapóte	raincoat
suwéldo	wage
nóbyo/-a	boy-/girlfriend
asáwa	husband/wife
anák	son/daughter
áso	dog
púsa'	cat
akuwárium	aquarium

234

Practice

Question	Response
1. *Mayroon ka bang bisikleta?*	*Oo, mayroon (akong bisikleta).*
2. *May bisikleta ka ba?*	

Activities

1. Interview your partner. Use *may/mayroon* questions alternately.

   Sample interview questions:
   a. Mayroon ka bang payong?
   b. May kapote ka ba?
   c. May nobyo ka ba?
   d. Mayroon ka bang aso?
   e. May bisikleta ka ba?
   f. Mayroon ka bang motorsiklo?
   g. May kotse ka ba?
   h. Mayroon ka bang rekord ni Peter Frampton?
   i. May pusa ka ba?
   j. Mayroon ka bang akuwarium?
   k. May pera ka ba sa bangko?
   l. Mayroon ka bang trabaho?
   m. May halaman ka ba?
   n. Mayroon ka bang "T.V."?
   o. May "stereo" ka ba?

2. Report the results of your interview.
   Example:

   > Mayroong kapote, aso, pusa, etc. si Jim.
   > Pero, wala siyang payong, nobya, etc.

CUMULATIVE ACTIVITIES

1. Role-Play: Instead of *selyo*, borrow something else. Here is a variant of the dialog.

   MARGE:
   > *Gail, may selyo ka ba?*   Gail, do you have stamps?

   GAIL:
   > *Oo, meron.*   Yes, I do.

   MARGE:
   > *Pahiram nga.*   Lend me (one).

   GAIL:
   > *Oo, heto.*   Sure, here.

MARGE
> *Salamat. Heto ang*   Thanks.   Here's the
> *bayad.*   payment.

GAIL
> *Huwag na. Isauli*   Never mind. Just
> *mo na lang.*   return the stamp.

Now role-play the situations below.

Sa tindahan: Mayroon ba kayong berdeng
                      bolpen?

_____

Sa panaderya: May ensemada ba kayo?

_____

Sa istasyon   May barya ka ba?
ng bus:

_____

Sa eskuwela: May papel ka ba?

_____

Sa restauran: May kari-kari ba kayo?

_____

Sa ospital: May lagnat ka ba?

_____

Use *magkano*, Spanish numerals for prices, *gusto/
ayaw* constructions and adjectives to express
what you want.

2. Your friend asks for something you don't have,
    but you suggest an alternative which he/she may
    accept or reject. Apologize for not being able
    to help.

    Examples:

        (You don't have a pen. Offer a pencil.)
        Wala akong pluma pero mayroon akong lapis.

        (You don't have a record. Offer your cassette
        tape.)
        Wala akong plaka pero may "tape" ako.

    Use *may, wala, pero, mayroon, sori, hindi bale.*

1. *Mayroon* is a variant form of the existential particle *may* 'there is' or 'have'. It is a combination of *may* and *roon*, *roon* being a (locative) demonstrative (*doon*). *Mayroon* expresses the existence or possession of something. In this lesson, the possessive function of *mayroon* is introduced.

2. *Wala* is the negative of *mayroon*. It means nonpossession or nonexistence.

3. *Mayroon* and *wala* both take a linker before an immediately following object. If there are other words occurring in between, the linker is affixed to the word immediately preceding the object.

Existential Particle	Possessor (Question Marker)	Object
Mayroo*ng*		
Wala*ng*		
Mayroon/Wala	siya*ng*	selyo.
	ka ba*ng*	
	ba kayo*ng*	

4. Both *mayroon* (but not *may*) and *wala* can stand alone as single word responses.

5. *May* functions like *mayroon.* It expresses the same meaning as *mayroon* which is 'the existence/possession of an object'. There are, however, some differences between these two forms in their use and distribution.

Unlike *mayroon*, *may* never takes a linker and is always followed immediately by the object whose existence or possession is referred to. One may say "Mayroon kaming lapis" but never "May kaming lapis." It is always "May lapis kami."

Exercises

1. Conversion Exercise: Change the following *may* sentences into: (1) *Mayroon* sentences; (2) *Mayroon* yes-no questions; (3) *Wala* questions.

237

a. May bisikleta ka.

    (1) Mayroon ka*ng* bisikleta.
    (2) Mayroon ka ba*ng* bisikleta?
    (3) Wala ka ba*ng* bisikleta?

b. May bisikleta siya.

    (1)

    (2)

    (3)

(c) May bisikleta si Ben.

    (1)

    (2)

    (3)

d. May bisikleta ang bata.

    (1)

    (2)

    (3)

d. May bisikleta dito.

    (1)

    (2)

    (3)

2. Change the question below by substituting the following cues.

	Mayroon bang aklat ang guro?
nobyo	Mayroon bang nobyo ang guro?
wala	
siya	
suweldo	
may	
mga guro	
sila	
libro	
estudyante	
Carlos	
Carlos at Letty	

Miss Maruja

wala

PRONUNCIATION DRILL

Phrase and Sentence Drill

Mayroo*ng* libró
Mayroón ka*ng* libró.
Mayroón siyá*ng* libró.
Mayroó*ng* libró si Élsa.
Mayroón si Élsa*ng* libró
Mayroón ka bá*ng* libró?
Mayroón ba siyá*ng* libró?
Mayroón ba*ng* libró si Élsa?
Mayroón ba si Élsa*ng* libró?

Mayroon can be pronounced *mayroon*, *meyroon*, or *meron*.

SELF-ASSESSMENT LIST

By the end of this lesson you should be able to:

1. Ask if someone has or owns something by using *mayroon* (+ linker) or *may* in questions.

2. Respond to these questions affirmatively with *mayroon* and negatively with *wala*.

3. Use *mayroon* (+ linker) and *may* in sentences denoting the existence or possession of something.

4. Use *may/mayroon* in situations where there is a buying-selling interaction.

5. Place the linker *-ng* in the *mayroon/wala* sentences correctly.

Lesson 23

GIVING AND FOLLOWING DIRECTIONS

DITO SA BAYAN NG SAN DIEGO

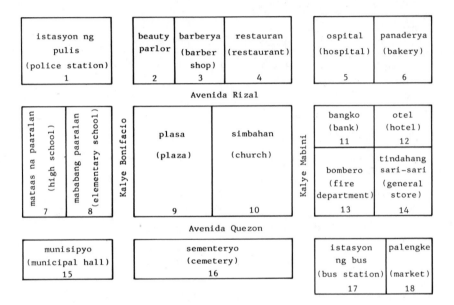

Pointing to the map, the teacher says:

Ito ang bayan ng San Diego, sa Pilipinas. Dito sa bayan ng San Diego, may istasyon ng bus, "beauty parlor," barberya, restauran, ospital, bangko, otel, plasa, simbahan, mataas at mababang paaralan, munisipyo, istasyon ng pulis, panaderya, sementeryo, bombero at tindahang sari-sari.

This is the town of San Diego in the Philippines. Here in the town of San Diego, there is a bus station, a beauty parlor, a barber shop, a restaurant, a hospital, a bank, a hotel, a plaza, a church, a high school and elementary school, a municipal hall, a police station, a bakery, a cemetery, a fire department, and a general store.

Replicate what your teacher did but with the tags inverted and only the English names visible.

Without using your books, answer the *nasaan ang . . .* questions asked by your teacher.

Questions	Responses
1. Nasaan ang istasyon ng pulis?	Nasa kanto ('corner') ng Avenida Rizal at Kalye Bonifacio.
2. Nasaan ang "beauty parlor"?	Nasa kanto ng Kalye Bonifacio at Avenida Rizal.
3. Nasaan ang barberya?	Nasa gitna ('between') ng "beauty parlor" at restauran.
4. Nasaan ang restauran?	Nasa kanto ng Avenida Rizal at Kalye Mabini.
5. Nasaan ang ospital?	Nasa kanto ng Kalye Mabini at Avenida Rizal.
6. Nasaan ang bangko?	Nasa tapat ('across') ng ospital.
7. Nasaan ang panaderya?	Nasa tabi ('beside') ng ospital.
8. Alin ang nasa Kalye Bonifacio, sa tapat ng plasa?	Ang mababang paaralan.

9. Alin ang nasa tabi
   ng simbahan?
   _____

10. Alin ang nasa tabi
    ng bombero at nasa
    likod ng otel?
    _____

What other questions can you ask?

MINI-DIALOGS

1. Asking directions:
   Saan (ba) ang otel dito?
   'Where is the hotel here'?

   Vocabulary

tabí	beside
gitná'	middle
tapát	in front of
likód	behind
haráp	in front, front
simbáhan	church
paaralán	school
bumbéro	fireman/fire station
kálye	street
istasyón ng bus	bus station
kánto	corner
díto	here
diyán	there
doón	over there
munisípyo	municipality
otél	hotel
ospitál	hospital
sementéryo	cemetery
plása	town square
báyan	town
paléngke	market

242

Practice

Question

Saan (ba) ang otel dito?

Response

Diyan (sa tabi ng bangko, sa tapat ng panaderya).

Activities

1. Answer the questions below with *dito/diyan/doon* in relation to your distance from the given place.

   a. Saan ang aklatan?   (Doon)

   b. Saan ang silid-aralan?

   c. Saan ang opisina ng prinsipal?

   d. Saan ang silid ng mga guro?

   e. Saan ang silid/kuwarto ng wika?

   f. Saan ang silid ng TESL?

   g. Saan ang kasilyas ('toilet')?

2. Pretend you're showing some visitors around your campus. Use *dito*, *doon*, *diyan* as needed.

   Examples:

   Dito ang opisina ng "dean."   Here is the dean's office.

   Diyan ang klinika.   There is the clinic.

   Doon ang kuwarto namin.   Over there is our room.

   a. _____ ang kasilyas ng mga lalake.

   b. _____ ang kasilyas ng mga babae.

   c. _____ ang oditoriyum namin.

   d. _____ ang gymnasiyum namin.

   e. _____ ang kuwarto ng mga guro.

   f. _____ ang kapeterya.

   g. _____ ang aklatan.

Grammar Notes

The demonstrative pronouns that can replace locative phrases marked by *sa* are *dito*, *diyan*, and *doon*.   They are referred to as *sa*

demonstratives. The relative distances in-
dicated by each of these demonstratives are
the same as those of the *ang* demonstratives
ito/iyan/iyon.

Dito 'here' indicates that the place or
location is near the speaker or near to both
the speaker and the listener.

Diyan 'there' signals that the place or loca-
tion is farther from the speaker and nearer
the listener--or it may mean relatively far
from both.

Doon 'other there', 'there', 'yonder' shows
that the location of something is definitely
far away from both the speaker and the
listener.

2. Giving specific directions:

*Nasa likod ng mababang paaralan ang mataas
na paaralan.*
'The high school is behind the elementary school'.

Vocabulary

nasaán	where
nandoón	it's over there
nandíto	it's here
nandiyán	it's there
násə	located at, in

Practice

Question	Response
(Na)saan ang mataas na paaralan?	1. *(Nan)doon.* 2. *(Na)sa likod ng mababang paaralan (ang mataas na paaralan).*

Activities

1. Ask directions based on the map.

    Example:

Nasaan ang simbahan?	(mataas na paaralan, bombero, munisipyo, sementeryo, istasyon

ng bus, palengke, otel,
etc.)

2. Give the specific location of places on the
   map.

   Example:

   Nasa likod ng mababang paaralan ang
   mataas na paaralan.

   (bangko) _____

   (bombero) _____

   (munisipyo) _____

   (sementeryo) _____

   (istasyon ng bus) _____

   (palengke) _____

   (otel) _____

Grammar Notes

1. Like the *sa* pronouns, the *sa* demonstra-
   tives *dito/diyan/doon* can also take the
   na affix. The combination results in the
   forms *narito/nariyan/naroon* and their
   variant forms *nandito/nandiyan/nandoon*
   respectively. Both forms are commonly
   used.

2. As with the other *nasa* constructions,
   the *nasa* demonstratives also occur as
   responses to *nasaan* questions. To
   describe the specific location of
   objects and places, *nasa* may be followed
   by prepositional phrases such as *likod*
   'behind', *harap* 'in front of', *tabi*
   'beside', and *gitna* 'between'.

3. Giving detailed directions:

   Tawirin ninyo ang Avenida Quezon.
   'Cross Quezon Avenue.'

Vocabulary

tawirin	cross
diretsuhin	go straight
pagdating	upon arrival
lampás	past

lumikó	turn
sa kánan	to the right
sa kaliwá'	to the left

Practice

Use the map of San Diego as point of reference.

Question	Response
Saan ang munisipyo?	1. *Lumiko ka sa kaliwa at diretsuhin mo ang Avenida Quezon.*
	2. *Nasa kanto ng Kalye Bonifacio at Avenida Quezon ang munisipyo.*

CUMULATIVE ACTIVITIES

1. Using the map of San Diego as point of reference, give the following directions:

   a. A stranger who is at the bus station wants to know how to get to the hotel. What do you tell him?

   Tawirin ninyo ang _____.

   Diretsuhin ninyo ang _____.

   Pagdating ninyo sa _____,

   lumiko kayo sa _____

   Sa tapat ng _____ ang otel.

   b. Suppose he wants to go to the municipal building.

   Diretsuhin _____.

   Sa kanto ng _____ at_____ ang munisipyo.

   c. Suppose he wants to go to the restaurant.

   Tawirin _____.

   Sa kanto ng _____ at _____

   ang restauran.

2. Rearrange the location of the stores, offices, etc. on the map at the beginning of this lesson and move them to a new area on the map that follows. Then, using the expressions for directions in

the vocabulary list in the mini-dialog, tell your
partner where you have moved the places on your
map, without showing your paper. As you give the
directions, your partner marks the location on
his/her map. Use the numbers on the map below
only in comparing answers.

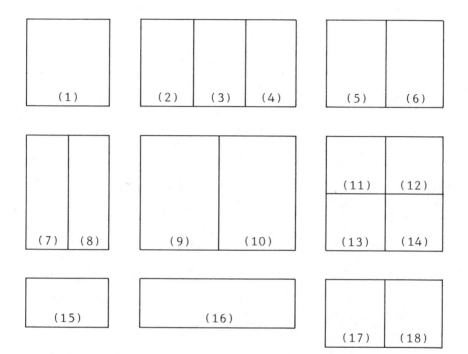

3. Ask your classmates to describe their route from
    a given point on the map to a place you have
    chosen.

4. Role-play: You meet a visitor at your school.
    He wants to go to certain places in Honolulu.
    Complete the following dialogs:

Visitor:	*Puwede bang magtanong?*	May I ask you something?
You:	*Aba, oho!*	Oh, yes (sir/ma'am).
Visitor:	*Saan ba ang Ala Moana Center?*	Where is Ala Moana Center?

You: _____
                _____
                _____
                _____

Visitor: *Maraming*   Thank you very much.
          salamat.
You: *Wala pong*   Don't mention it
          anuman.   (sir/ma'am).

The more polite version is:

A: *Mawalang galang na po.*   I beg your pardon.

    Maari po bang   Is it possible to
    magtanong?   inquire?

    Aba, opo. Ano po   Yes, sir. What is
    iyon?   it, sir?

    Saan po ba ang   Where, sir, is
    _____ ?   _____ ?

5. Bring a map to class and direct someone from one
    section of the city to another.

6. Game: "Juego de Prenda" (see Cultural Note on
    next page)

    Names of participants: S1: Hari; S2: Rosal; S3:
    Sampaguita; S4: Gumamela; S5: Ilang-ilang; S6:
    Kalachuchi; S7: Kamiya.

    (Male students are usually given the names of
    trees, not flowers. See Appendix 1:N for names
    of Philippine trees and flowers.)

HARI:
    Paru-paro ng hari,   The king's butterfly
    lumipad, dumapo sa   flew, and landed on
    kamiya.   the camia.

KAMIYA
    Wala po rito.   It is not here, sir.

HARI:
    Saan dumapo?   Where did it alight?

KAMIYA:
    Sa Sampaguita po.   On the Pikake, sir.

SAMPAGUITA:
    Wala po rito. Nasa   It's not here. It's
    Rosal po.   with the Gardenia, sir.

ROSAL:
Wala po rito. Nasa   It's not here, sir.
Gumamela po.   It's with the
     Hibiscus, sir.

GUMAMELA:
(Silence)

ALL:
Prenda!   Forfeit!

(Gumamela gives a pencil, book, or notebook
to the King.)

HARI:
Ano ang parusa?   What is the punish-
     ment?

SAMPAGUITA:
Dapat siyang   She has to sing.
kumanta.

ALL:
Sige, kumanta ka,   All right, sing,
Gumamela.   Hibiscus.

(Gumamela sings. After singing, the king
returns his/her belongings.)

Names of plants, vegetables, fruits, etc., can be
used instead of flowers. The pace of exchanges
should be fast so as to catch more participants.

Cultural Note

Juego de Prenda (Forfeit Game)

Juego de Prenda is a Spanish loanword used as a
generic term for all Philippine forfeit games.
It is a traditional Filipino game played at night
during *pasiyam*, the nine-day novena (prayer for
the dead) after the burial.

Players form a circle facing each other. A
"king" (*hári'*) sits at the center. The players
assume names of flowers (fruits, trees, birds,
food, etc.). The object of the game is to catch
players who answer incorrectly, fail to answer
promptly, or call out assumed names of members
not in the group. When caught, the players must
give forfeits (*prénda*). The tempo of the game
increases as the players talk faster and faster
thus pressuring some players to commit mistakes.
The "It" has to redeem his/her forfeited article
by performing the punishments meted out by the
king and the other players, which range from the

249

ridiculous (kissing one's image in a mirror) to the serious and traditional (singing a *kundiman* 'love song', reciting a *tulá* 'poem', etc.).

WRITING EXERCISE

Use the map of San Diego at the beginning of the lesson as point of reference. Then complete the following sentences:

Sa tabi ng bangko _____.

Sa _____ ng otel ang bangko.

Sa gitna ng beauty parlor at restauran _____.

Sa _____ ng simbahan ang plasa.

Sa gitna ng Avenida _____ at Avenida _____,

Kalye_____ at Kalye_____, ang

simbahan at ang _____.

Sa tapat ng panaderya _____.

PRONUNCIATION DRILL

Sentence Drill

Lumikó ka sa kánan.
Lumikó ka sa kaliwá'.
Sa tabí ng panaderyá ang punerárya.
Sa gitná ng síne at simbáhan ang botíka.
Sa haráp ng síne ang tindáhan.
Diretsuhín mo ang Avenida Rizal.
Pagdatíng mo sa kánto, lumikó ka sa kánan.

SELF-ASSESSMENT LIST

By the end of this lesson you should be able to:

1. Describe the location of certain objects or places by (a) asking *nasaan* questions and giving responses with *nasa* locative phrases/demonstratives; and (b) asking *saan* questions and giving *sa* locative phrases/demonstratives.

2. Use special vocabulary for giving directions.

3. Give the appropriate instructions for giving directions.

Lesson 24

EXPRESSING ABILITY AND OBLIGATION

DIALOG: SA "AIRPORT"

Makinig at Intindihin:

(At the information desk a man is inquiring about plane arrivals.)

MAN:
Mama, maaari ho bang magtanong?

Sir, may I get some information?

ATTENDANT:
Oho, ano ho iyon?

Certainly, sir. What can I do for you?

MAN:
Anong oras ho ang dating ng PAN AM Flight 811 mula sa San Francisco?

What is the arrival time of PAN AM Flight 811 from San Francisco?

ATTENDANT:
Dapat dumating ng alas siyete y medya ng umaga, pero huli ito ng isang oras. Mga alas otso y medya siguro ang dating.

It was scheduled to arrive at 7:30 A.M. but it has been delayed by one hour. It should arrive at 8:30.

MAN:
Salamat ho. Kung ganoon kailangan pa akong maghintay ng isang oras.

Thank you. In that case, I still have to wait one more hour.

ATTENDANT:
Dapat tumawag muna kayo bago pumarito.

You should have called before coming.

Mga Tanong

1. Ano ang tanong ng mama?
2. Anong oras dapat dumating ang eroplano?
3. Anong oras darating ito?
4. Ilang oras pa kailangang maghintay ang mama?
5. Ano ang dapat ginawa ng mama?

MINI-DIALOGS

1. Talking about what someone can do:

   Puwede/Maaari akong magluto.   'I can cook'.

   Vocabulary

maglúto' (ng karí-kari)	to cook (*kari-kari* 'oxtail stew')
maglitsón	to roast pig
magpansít	to cook *pansit* 'noodles'
maglumpiyá	to cook *lumpiya*
magbibíngka	to bake *bibingka* 'rice cake'
mag-adórno ng___	to adorn_____
gumawá (ng paról)	to make (a paper lantern)
magtúro (ng Ingles)	to teach (English)
tumugtóg ng biyolín	played; to play the violin
magbiyolín	to play the violin
magpiyáno	to play the piano
maggitára	to play the guitar
kumantá	to sing
sumayáw (ng___)	to dance
magbilí (ng tíket)	to sell (tickets)
tumulá'	recited; to recite poetry

   Practice

Question	Response
Ano ang puwede mong gawin?	*Puwede akong magluto ng letse plan.*

Activities

1. Try to outdo your classmates in claiming what
    you can do.
    Example:

    Puwede kong akyatin ang Mt. Everest.

2. Talk about five things you can do that you
    consider special.

3. Pretend you are planning a fiesta or party,
    what questions should you ask to get the job
    done?
    Example:

    Sino ang maaaring *maglitson?*
    Sino ang puwedeng *mag-adorno ng simbahan?*
    Sino ang maaaring *humiram ng ponograpo?*

4. You are president of an organization and you
    are asking for volunteers in your fund-
    raising campaign. What are some of the
    activities or tasks that your members may
    volunteer for?
    Example:

    Puwede akong *magbili ng tiket.*

2. Stating what someone should or must do:

    Kailangan/dapat kang magpahinga.
    'You need to/should rest'.

Vocabulary

magpahingá	to rest
mag-"jógging"	to jog
maglakád	to walk
magtsísmis	to gossip
magpabakúna	to get a vaccination
magtipíd	to be thrifty
may lagnát	has; have a fever
may ubó	has; have a cough; coughing
may sakít	ill
magpatingín sa doktór	to consult a doctor
matúlog nang maága	to sleep early

gamót	medicine
itabí	to put aside
iligpít	to tidy up; to put things in their places
lában sa kolera	anti-cholera
bumabá sa hagdánan	to go down; descend the stairs
itágo'	to hide
tumawíd	to cross
tumingín sa kaliwá'	to look to the left
tatlóng béses sa isáng áraw	three times a day
tabléta	tablet
huwág	don't
magpuyát	to stay up late
kumáin ng masustánsiya	to eat vitamin-rich food
kapiaspiriná/ aspiriná	aspirin
gúlay	vegetable
isdá'	fish

Practice

Question

Ano ang dapat kong gawin?

Response

1. *Dapat kang magpahinga. Kailangan* . . .

2. *Hindi ka dapat magpuyat.*

3. *Huwag kang magpuyat.*

Note the use of the linker before the infinitive verb. The linker *na* after consonant sounds is often dropped.

Activities

1. You are advising your friend on how to be healthy.

254

Example:

> Dapat kang kumain ng gulay.
> Dapat kang matulog ng walong oras.

2. a. Advise a group of children on how to prevent fires.

   Dapat kayong _____ .

   b. . . . how to cross the streets safely.

   _____

   _____

3. What do you tell a group of parents on how to prevent accidents in the house?

   Dapat kayong _____

4. If there were a fire in your building/house, what must you do?

   Kailangan akong _____

CUMULATIVE EXERCISES

Role-play: Act out the following situations using *dapat, kailangan, maaari,* and *puwede.*

1. You are a doctor and your patient has a nagging cough.

   DOCTOR: Mainit ka. Dapat kang uminom ng dalawang kapiaspirina, tatlong beses sa isang araw.

   PATIENT: _____

   _____

   ETC.

2. You are a camp counselor and you are advising your group what to do and not do. Some of them are asking you questions about what they should or should not do.

   COUNSELOR: Dapat kayong magdala ng posporo.

CAMPER: Kailangan ho ba kaming magdala
             ng _____?

ETC.

3. You are asking your travel agent what you should
    do to prepare for a trip. He advises you on what
    you should do before leaving and what you should
    do while abroad.

    AGENT: Kailangan kang magpabakuna.

    CUSTOMER: _____

    ETC.

4. You are Tia Dely (Manila's "Ann Landers").
    People come to you for advice. Tell them what
    they should and should not do. Take turns being
    Tia Dely.

    Variation: Divide the class into groups of
    threes; students A, B, and C.

    a. A tells B his problems. B gives advice.
    b. B tells C his problems. C gives advice.
    c. C tells A his problems. A gives advice.

    In this way, all students get a chance of getting
    and giving advice with the use of *kailangan* and
    dapat.

WRITING EXERCISES

1. Conversion/Addition Exercise: Change the
    sentences below to (1) statements with *na*, (2)
    negative statements, (3) negative statements
    with *pa*, (4) positive questions with *na*.

    Example:

        Puwedeng hiramin ang bola.

        (1) Puwede *na*ng hiramin ang bola.
        (2) *Hindi* puwedeng hiramin ang bola.
        (3) Hindi *pa* puwedeng hiramin ang bola.
        (4) Puwede *na ba*ng hiramin ang bola?

    a. Puwedeng burahin ang sulat sa pisara.

        (1) _____
        (2) _____
        (3) _____
        (4) _____

256

b. Puwedeng kunin ang suweldo.

(1) _____
(2) _____
(3) _____
(4) _____

c. Puwedeng bisitahin ang pasiyente.

(1) _____
(2) _____
(3) _____
(4) _____

d. Puwedeng tingnan ang maysakit.

(1) _____
(2) _____
(3) _____
(4) _____

e. Puwedeng ligpitin ang mesa.

(1) _____
(2) _____
(3) _____
(4) _____

2. Which of the following should be done (Dapat
    . . .) or not done (Hindi dapat . . .)?

a. uminom ng gatas   <u>Dapat uminom ng gatas.</u>

b. kumain ng itlog   _____

c. magpuyat   _____

d. maglasing   _____

e. magtsismis   _____

f. uminom ng kape   _____

g. magtipid   _____

h. magsigarilyo   _____

i. magpatingin sa doktor   _____

j. magpahinga   _____

3. Construct a food chart indicating what should and
    shouldn't be eaten.

Dapat Kainin	Di Dapat Kainin
1. Dapat kumain ng prutas. Etc.	1. Di dapat kumain ng taba. Etc.

GRAMMAR NOTES

1. Unlike *gusto*, the modals introduced in this lesson occur with the actor focus topics.

    Examples:

    Maaari *akong* magturo sa Pilipinas.
    Puwede ba *akong* magturo sa Pilipinas?
    Dapat *ka* bang magturo sa Pilipinas?

    Kailangan, on the other hand, may occur with a topic or non-topic actor complement.

    Example:

    $$\text{Kailangan} \begin{bmatrix} akong \\ \\ kong \end{bmatrix} \text{magpasyal.}$$

    'I must take a walk'.

    'I need to take a walk'.

    Note that the verbs that follow the modals are in the infinitive form. Observe too, the use of linkers between the pronoun and the verb.

2. Note that when the verb immediately follows the modal, the linker *-ng* is attached to the modal.

    Examples:

    Kailanga*ng* uminom ka ng gamot.
    Puwede*ng* hiramin ang bola.
    Maaari*ng* kunin ang "record player."
    Dapat (*na*) itago ang libro.

    When the word before the linker ends in *n* (cf. *kailangan*) the *n* is often assimilated to the following *-ng*. *Na* after *dapat* is often omitted.

3. If the adverbial particles *pa* 'still', 'yet' or *na* 'already' or the question marker *ba* is

258

> used in the sentence, the linker is attached
> to the one right before the verb.
>
> Examples:
>
> > Puwede na*ng* hiramin ang bola.
> > Kailangan pa*ng* tingnan ang maysakit.
> > Dapat na ba*ng* itago ang libro?

PRONUNCIATION DRILL

Sentence drill

1. Kailánga*ng* magpasyál ang lóla.
   Puwéde*ng* burahín ang pisára.
   Puwéde niyá*ng* itágo ang regálo.
   Dápat niyá*ng* hingín ang péra.

2. Di maaári*ng* hiramín ang kótse.
   Di mo maaári*ng* kúnin ang báta'.
   Di niya dápat hingín ang péra.
   Di nila kailánga*ng* humirám ng péra.
   Di siya puwéde*ng* pumások.

SELF-ASSESSMENT LIST

By the end of this lesson you should be able to:

1. Talk about what you can do using *puwede* and
   maaari.

2. Advise and caution others on what to do and what
   not to do using *kailangan* and *dapat*.

3. Use the linker -*ng*/*na* correctly.

Lesson 25

HAVING SOMEONE DO SOMETHING

DIALOG: MAGPAPATINGIN

Makinig at Intindihin:

MAYBAHAY:
*Helo, si Doktor po ba
ito?*

Hello, is this the
doctor?

DOKTOR:
Oo, ako nga.

Yes, this is he.

MAYBAHAY:
*Puwede ho bang
magpatingin ang asawa
ko sa inyo?*

Could my husband con-
sult with you?

DOKTOR:
*Bakit? Ano ang
nararamdaman niya?*

Why? How does he feel?

MAYBAHAY:
*Hindi ho makahingang
mabuti.*

He can't breathe too
well.

DOKTOR:
Nakakalakad ba?

Can he walk?

MAYBAHAY:
Opo.

Yes, sir.

DOKTOR:
*Dalhin mo kaagad sa
ospital at iiksaminin
ko.*

Bring him at once to
the hospital and I'll
examine him.

MAYBAHAY:
Opo. Ngayon din po.

Yes, sir. Right away,
sir.

Mga Tanong

1.   Sino ang magpapatingin?
2.   Bakit?
3.   Saan dadalhin ang may sakit?

MINI-DIALOGS

1. Talking about the ability to do something:
   Makakatulong siya. 'He will be able to help'.

   ### Vocabulary

   Actor-Focus Verbs

makakantá	to be able to sing
makatúlog	to be able to sleep
makalákad	to be able to walk
makasayáw	to be able to dance
makakáin	to be able to eat
makaintindí	to be able to understand
makalimútan	to be able to forget
makatúlong	to be able to help
makabúhat	to be able to lift
makatápos	to be able to finish
makatugtóg	to be able to play (an instrument)
makagawá'	to be able to do
makapagbiró'	to be able to tease, jest
makapagtúro'	to be able to teach
makapaglitsón	to be able to roast pig
makapagsalitá'	to be able to speak
makapaglaró'	to be able to play
makapaglabá	to be able to wash clothes
makapagplántsa	to be able to iron
makapaglínis	to be able to clean
makapaglúto'	to be able to cook
makapagmíting	to be able to hold a meeting
makapagdalá	to be able to carry

   ### Practice

Question	Response
Ano ang magagawa mo?	*Makapaglilitson ako.*

Activities

1. Talk about what members of your family can do.

   Example:

   > Nakapagtatrabaho ang tatay ko.
   > Nakakapagluto ang nanay ko.
   > Nakakatugtog ako ng piyano.
   > Nakakakanta ang kapatid ko.
   > Etc.

2. Talk about what the following people can do.

sastre	nars	tsuper
modista	dentista	inhinyero
pintor	doktor	piyanista
karpentero	pulis	labandera

3. Talk about what you can't do.

   Example:

   > Hindi ako makalangoy.
   > Etc.

4. Ask about somebody's doll or pet.

   Example:

   > Nakakalakad ba siya?
   > Etc.

5. Interview each other and ask what your partner can or can't do. Report what you found out about your subject in class.

Grammar Notes

1. The *maka-* or *makapag-* affix indicates that the actor has the ability to do the action named by the verb stem. Unlike the dynamic *mag-/-um-* forms, the *maka-* or *makapag-* forms indicate a potential or state of readiness.

   Maka- usually occurs with verb roots that take the *-um-* affix, whereas *makapag-* usually occurs with verb roots that take the *mag-* affix.

   Ma- is the object focus counterpart of both *maka-* and *makapag-* affixes. The following charts give examples of the *maka-* and *makapag-* sets.

Exercises:

1. Write the correct form of the *maka-* verb
   as cued.

   a. (*lakad*, contemplated) makakalad na ba
      siya?

   b. (*sayaw*, incompleted)_____ na ang
      Lola.

   c. (*sayaw*, completed)_____
      si Nena sa programa.

   d. (*basa*, incompleted)_____
      na ang anak niya.

   e. (*balik*, contemplated) _____
      kaya siya?

   f. (*pasok*, contemplated) _____
      na ba ang may sakit?

   g. (*dinig*, incompleted) _____
      na ba ang bingi?

   h. (*tahi*, completed) _____
      na siya ng damit ko.

   i. (*iyak*, incompleted) _____
      ba ang manika?

   j. (*inom*, contemplated) _____
      ka ba ng alak?

2. Construct sentences using the actor focus
    maka- affix, then the object focus *ma-* affix:

    Example:

    Maka- set (from *-um-* verbs)

Source	Focus	Verb	Actor	Object
-Um- verb	Actor	*Maka*bubuhat	siya	ng barbel.
(*bumuhat*)	Object	*Ma*bubuhat	niya	ang barbel.

a. tahi/modista/damit

    (*Maka-*) _____

    (*Ma-*) _____

b. kuha/(you)/ba/balutan

    _____

    _____

c. gupit/(he)/buhok ko

    _____

    _____

d. tugtog/piyanista/piyesa/oditoriyum

    _____

    _____

Root: *laba* 'wash clothes'   Source:

Aspect	Actor Focus (Makapag-)	Object Focus (Ma-, -an)
Infinitive	*makapag*laba	malaban
Completed	*nakapag*laba	nalaban
Contemplated	*makapag*lalaba *makakapag*laba	malalaban
Incompleted	*nakapag*lalaba *nakakapag*laba	nalalaban

Note that verbs having an *-an* goal focus affix
(e.g. *laban*) get a *ma-*   *-an* compound affix
instead of just *ma-*.

> Note, too, that the *ka* of the affix *maka-* or
> *makapag-* may be reduplicated instead of the
> first syllable of the word base or root.

Exercises:

1. Write the correct form of the following verbs:

	Actor Focus	Object Focus
a. (*magluto*, completed)	nakapagluto	naluto
b. (*magtapon*, incompleted)	_____	_____
c. (*kumain*, contemplated)	_____	_____
d. (*huminga*, incompleted)	_____	_____
e. (*maglinis*, completed)	_____	_____
f. (*mag-ayos*, incompleted)	_____	_____
g. (*gumawa*, contemplated)	_____	_____
h. (*humingi*, completed)	_____	_____

2. Construct actor and object focus sentences using
   the following *makapag-/ma-* abilitative verbs.

   Examples:

   Makapag- set (from *mag-* verbs)

Source	Focus	Verb	Actor	Goal
Mag- verb	Actor	*Nakapag*luto	siya	ng pagkain.
(*Mag*luto)	Object	*Na*luto	niya	ang pagkain.

   a. (dala) _____

   _____

   b. (linis) _____

   _____

265

c. (walis) _____

_____

d. (salita) _____

_____

2. Talking about getting someone to do something:
   Magpapatahi ako (ng damit) sa kaniya.
   'I'll have my clothes sewn by her'.

   Vocabulary

magpagupít	to have a haircut
magpatahí'	to have (something) sewn
magpakulót	to have (one's) hair curled
magpalabá	to have clothes washed/ laundered
magpalínis	to have (something) cleaned
magpalúto'	to have (something) cooked
magpatingín	to have (oneself) examined
magpamakinílya	to have (something) typed
magpaplántsa	to have (something) ironed
magpaáyos	to have (something) fixed
magpa- "mánicure"	to have (fingernails) manicured
magpagawá'	to have (something) done
magpapínta	to have (something) painted
magpamasáhe	to have (oneself) massaged
magpagamót	to have (oneself) cured
magpabúnot	to have (a tooth) extracted
magpamanného	to have (oneself) chauffeured
magpaáhit	to have (oneself) shaved
magpatúro'	to have (someone) teach (you)

266

Practice

Question   Response

Bakit ka pupunta sa   *Para magpagupit.*
barberya?   *magpaahit*

Activities

1. Talk about what you have done in specific
    places: Ano ang ginagawa mo sa . . . ?
    Nagpapa- . . .

    "beauty salon"   "laundry"
    ospital   klinika
    modista   barberya
    restawran

2. Talk about what you can have the following
    people do for you:

    sa karpentero   sa "beautician"
    sa pintor   sa barbero
    sa labandera   sa mangungulot
    sa kusinero/a   sa modista
    sa dentista   sa doktor
    sa nars   sa masahista
    sa sekretarya   sa tsuper
    sa katulong   sa guro

Grammar Notes

1. In indicative sentences, the actor is the
    doer of the action. In causative sen-
    tences, however, the actor "causes" an
    action to be done. The *pa-* affix which
    is added to *mag-* is the causative signal.
    It has the general meaning of 'to cause/
    make/ have someone do something'. In
    causative sentences, the causative actor
    is the one who initiates the action, the
    non-causative actor is the one who does
    or performs the action, and the object is
    that which is acted upon. There are,
    therefore, two actors in a causative
    sentence: the actor (initiator) of the
    action and the actor (agent) caused to
    perform the action.

    In the following *magpa-* sentence, the
    actor (causer) is in focus.

Verb	Causative Actor	Object	Non-Causative Actor
Nagpakulot	siya	ng buhok	sa mangungulot.
	ang babae		kay Aling Maria.
	si Ana		sa kaniya.

Note that the non-causative actor is marked by *sa* or substituted by *sa* pronouns when not focused. *Kay/kina* are used before proper nouns. Sometimes the non-causative actor is implied but not mentioned.

Verb	Actor	Object	Non-Causative Actor
Magpagupit	ka.	(ng buhok)	(sa barbero)
Magpakulot	ka.	(ng buhok)	(sa mangungulot)

2. The aspectual forms of the *magpa-* verb are as follows:

   Root: *gupit* 'to cut'

   Aspect

Infinitive	magpagupit
Completed	nagpagupit
Contemplated	magpapagupit
Incompleted	nagpapagupit

   Note that the last syllable of the prefix is reduplicated rather than the first syllable of the root.

3. *Para* 'in order to' is often used before the *magpa-* verbs in answer to *bakit* 'why' questions.

   Examples:

Bakit ka nagpunta sa barberya?	*Para* magpagupit. magpaahit magpamasahe
Bakit ka nagpunta sa "beauty parlor"?	*Para* magpa-"make-up" magpa-"set" magpa-"cutex" magpakulot

CUMULATIVE ACTIVITIES

1. a. Role-play a situation where someone is asking
       you how a sick member of your family is.

       Example:

           A: Kumusta ang tatay mo?

           B: Sa awa ng Diyos, magaling-galing na.
               Nakakakain na siya. Nakakatayo at
               nakakalakad na . . . etc.

    b. Complete the following dialogs and role-play
       them in class.

       1. A: Uy, ang ganda ng buhok mo.
              Kanino ka nagpaayos?

          B: _____

              _____

       2. A: Ang balita ko, eh, nakapagmamaneho ka
              na raw.   Kanino ka nagpaturo?

              _____

              _____

          Etc.

       3. A: Masakit ang ngipin ko.   Kanino ka
              nagpapabunot ng ngipin mo?

          B: _____

              _____

       4. A: Nasaan si Greg?

          B: Nasa barberya.   ("beauty salon," ospital,
              klinika, sastre)

          A: Ano ang ginagawa niya roon?

          B: Nagpapa- . . . _____

              _____

          Etc.

2. Imagine life in Manila where hired help is very
    common in most households: *katulong*, *tsuper*,
    labandera, *kusinera*, *yaya* for the baby, etc.
    Tell us what things you will have those helpers
    do and what things you'll be doing yourself
    around the house.   Make expanded sentences to

show proper context and the exact situation you
imagine yourself to be in, in Manila.

READING EXERCISE

Rearrange the following lines of the dialogs in a
logical sequence:

Sa Barbero   Sa Doktor

1. Mang Selo, magpapagupit   1. Ano, kumusta ka?
   ho ako at saka magpapa-
   masahe.

2. Salamat. Bumalik ka uli. 2. Maupo ka. Ano ba
                                 ang nararamdaman
                                 mo?

3. O, sige, alam ko na.   3. Magpapatingin ho
                                  sana ako, eh.

4. Heto ho ang dalawa.   4. Tena at nang
   Huwag na ninyong   maiksamin ang
   suklian.   dugo mo.

5. O sige, maupo ka. Paano   5. Oho.
   ba ang gusto mo?

6. Uno singkuwenta lang.   6. Giniginaw ho ako
                                  kung gabi.

7. "Crew-cut" ho. Tulad   7. Kailan mo ba
   ho noong sinundan ko.   naramdaman iyan?
   Huwag lang hong
   masyadong maikli sa
   tuktok.

8. (After the haircut . . .)   8. Nilalagnat ka rin
   Tama na ba iyan?   ba kung gabi?

                               9. Noon pa hong
                                  isang linggo.

This can be done as a "strip story" exercise with
members of the group translating and memorizing their
lines and then rearranging themselves in the correct
sequence. Two or more groups can have a contest in
which the group that gets the right sequence first
wins.

WRITING EXERCISES

1. You have just moved to New York to attend school. Write home about what you are able (or not able) to do in this new city.

2. You are married to an American and are living in Manila. Tell your friends here how your American husband/wife is adjusting to the new culture and tell them what s/he can now do.

3. You have a two-year-old girl. Write her grandparents about what she can/cannot do.

4. Write about an unforgettable character or folk hero. Expound on the things he can do that make him outstanding. You can create colorful tall tales about your hero.

PRONUNCIATION DRILL

Sentence Drill

1. *MAKA(pag)*

   Nakapaglulúto siyá.
   Makakapaglúto siyá.
   Nakakapagmaného siyá.
   Makapagmamaného siyá.
   Nakakalangóy siyá.
   Makalalangóy siyá.

2. *MA*

   Maiinóm na ba niyá ang gamót?
   Nalulúnod pa ba siyá?
   Mabubúhat ba niyá ang barbél?
   Namamaného ba ng kapatíd mo ang kótse mo?

3. *MAGPA*

   Magpatingín ka sa doktór.
   Nagpalúto akó ng lumpiyá sa kusinéra.
   Nagpapatahí silá sa kaniyá ng damít.
   Magpapatúro siyá sa ákin ng Tagálog.
   Nagpapaáyos ang artísta ng buhók áraw-áraw.

SELF-ASSESSMENT LIST

By the end of this lesson you should be able to:

1. Describe what someone can or can't do using the abilitative *maka(pag)-* actor focus and *ma-* object focus affixes.

2. Talk about having something done by someone using the *magpa-* affix.

3. Construct *maka(pag)*, *ma-* and *maka(pag)-*, verbs in their different aspectual forms.

APPENDIX 1

The following consists of lists of vocabulary items grouped by semantic area. These lists supplement the lessons and can be used by the teacher or the student to modify the situations portrayed in the lessons.

The English gloss is given first in alphabetical order to facilitate finding specific items. Semantic areas and pages are listed below:

A. Nationalities

(Mga Iba't-ibang Lahi')

African	Aprikáno
American	Amerikáno
Arab	Arábe
Australian	Ostralyáno
Canadian	Kanádyan
Chinese	Intsík, Insík
Dutch	Holandés, Olandés
English	Inglés
Filipino	Pilipíno
French	Pransés
German	Alemán
Greek	Griyégo, Grégo
Indian	Bumbáy
Indian (American)	Índiyan
Indonesian	Indunísyan
Italian	Italyáno
Japanese	Hapón
Jew	Hudyó
Korean	Koreáno
Malay; Malaysian	Maláyo
Mexican	Mehikáno
Russian	Rúso
Spanish	Kastíla'
Swiss	Swíso
Vietnamese	Byetnamís

B. Officials
Government Officials

(Mga Tagapamahala sa Gobiyerno)

barrio captain	kapitán del báryo
councilor	konsehál
governor	gobernadór
judge	hukóm; huwés
mayor	alkálde; méyor
police chief	hépe (ng pulís)
president	presidénte
representative	representánte
secretary	sekretárya
senator	senadór
treasurer	tesoréro
vice-governor	bíse-gobernadór
vice-mayor	bíse-alkálde
vice-president	bíse-presidénte

Church Officials
(Mga Tagapamahala sa Simbahan)

altar boy	sakristán
bishop	obíspo

274

cardinal	kardinál
deacon	diyakáno, dikáno
minister	minístro; pastór
missionary	misyonáryo, misyunéro
mother superior	mádre superiyóra
nun	mádre; móngha
pope	pápa
priest	páre', pári'
rector	rektór

C. Professions and Occupations

Professions

(Mga Propesyon)

actor/actress	artísta
architect	arkitékto
dancer; ballerina	mananáyaw; baylarína
dentist	dentísta
doctor; physician	doktór; manggagámot
engineer	inhinyéro
lawyer	abogádo
musician	musikéro/a
nurse	nars
painter (artist)	pintór
pharmacist	parmasiyútiko/a
pianist	piyanísta
pilot	pilóto/a; abiyadór
sculptor/sculptress	iskultór/a
singer	mangangantá; mang-aáwit
teacher; instructor	gúro'; títser; maéstro/a
violinist	biyolinísta
writer	mánunulat

Occupations

(Mga Hanap-buhay)

barber	barbéro
bill collector	kubradór
bootblack; shoeshine boy	limpiyá-bóta
businessman	mangangalákal
butcher	mangangátay; manlalápa'
carpenter	karpentéro/a
cashier	kahéro/a
clerk; typist	klerk; táypis; tagamakinílya, tagapagmakinílya
conductor (in buses, trains)	kunduktór/a
cook	kusinéro/a
dressmaker; seamstress	modísta; mananáhi'
driver (of horse-drawn rig)	kutséro

driver (of vehicle); chauffeur	tsupér
electrician	elektrisísta, elektrísyan
employee	empleádo/a
farmer	magsasaká
fireman	bombéro
fisherman	mangingisdá'
foreman	kapatás
garbageman	basuréro
gardener	hardinéro
hairdresser	mangungúlot, mangkukulót
housewife; housekeeper	táong-báhay
ironing woman	plantsadór/a
janitor	diyánitor
laborer	manggagáwa; trabahadór; piyón
landlord/lady	kaséro/a
landowner; plantation owner	asindéro/a
laundrywoman	labandéra/o
maid/houseboy	katúlong; utusán
mailman	kartéro
mason	kantéro
mechanic	mekániko
messenger	mensahéro/a
nursemaid	yáya
painter (e.g., of house)	pintór
photographer	retratísta
plumber	tubéro
policeman	pulís
porter	kargadór
salesman	ahénte
secretary	sekretárya
shoemaker	sapatéro
storekeeper; vendor	tindéro/a
street cleaner	kaminéro/a
student	estudyánte
tailor	sastré
tenant (land only)	kasamá
ticketgirl (in theaters)	takilyéra
waiter/waitress	serbidór/a; wéyter/ wéytres

D. Clothes and Accessories for Men and Women

Clothes and Accessories for Men
(Damit at Kagamitang Panlalake)

belt	sinturón
boots (rubber)	bótas

buttons	butónes
cane	bastón
collar	kuwélyo
dress shirt	kamisadéntro
handkerchief	panyó'
hat	sumbréro, sumbléro
jacket	dyáket
jeans (blue)	maóng; dyins
oil	langís
pants; trousers	pantalón
pipe	pípa
pleats	piléges
pocket	bulsá
polo shirt	pólo
pomade	pomáda
raincoat	kapóte
razor; shaver	pang-áhit
straight razor	labáha
ring	singsíng
shirt; native shirt	bárong-Tagálog, baróng
shoes	sapátos
short pants	kórto
socks	médyas
suit	amerikána
sweater	swéter
T-shirt	Í-shirt; iskíper
tie	kurbáta
toothbrush	sipílyo
toothpaste	kólgeyt (Colgate)
undershirt	kamiséta; sándo
undershorts	kalsonsílyo, karsonsílyo
wallet	pitáka'; wálet
wristwatch	reló, relós

Clothes and Accessories for Women
(Damit at Kagamitang Pambabae)

bag	bag; kartamunéda, portamonéda
bathing suit	báting sut; damít pampalígo'
blouse	blúsa
bra	bra; brasiyér
brooch	alpilér; bruts
brush (hair)	bras (sa buhók)
clothing	damít
comb	sukláy
dress	bestído; báro'
earrings	híkaw
girdle; corset	korsé
hair pin	aguhílya
half-slip	háp slíp; nágwas

277

handkerchief	panyó', panyolíto
lipstick	lípistik
mirror	salamín
necklace	kuwintás
nightgown	damít-pantúlog
panties; underpants	salawál; pánti
perfume; lotion	pabangó
powder	pólbo, pulbós
robe	báta
scarf	bandána
skirt	pálda
slip; chemise	kamisón
slippers (for dress wear)	sapatílyas; stép-in
slippers (for home use)	tsinélas
stockings; socks	médyas
umbrella	páyong
wrap; shawl	balábal; abrígo

E. Parts of the Body

(Mga Bahagi ng Katawan)

ankle	bukungbúkong
arm	bísig; bráso
armpit	kilikíli
back	likód
blood	dugó'
body	katawán
bone	butó
brain	útak
breasts	súso
buttocks	puwít
cheek	pisngí
chest	dibdíb
chin	bába'
ear	ténga/taínga
elbow	síko
eye	matá
eyebrow	kílay
eyelash	pilikmatá
face	mukhá'
feet	paá
finger	dalíri'
forehead; brow	noó
hair	buhók
hand	kamáy
head	úlo
heart	púso'
heel	sákong
hip	balakáng
jaw	pangá
kidney	bató
knee	túhod

leg	bínti'
lip	lábi'
lung	bága'
mouth	bibíg
nail	kukó
nape	bátok
navel	púsod
neck	leég
nose	ilóng
palm	pálad
penis	títi'
shin	lulód
shoulder	balíkat
skin	balát
sole	talampákan
stomach	tiyán
thigh	híta'
toe	dalíri ng paá
tongue	díla'
vagina	púki; kíki'
vein	ugát
artery	malakíng ugát
waist	baywáng
wrist	pulsó

F. Parts of the House

(Mga Bahagi ng Bahay)

awning	medyá-ágwa
bathroom	bányo
ceiling	kísame
corner	súlok
dining room	kumedór
door; doorway	pintó'; pintúan
downstairs	ibaba'; sílong
floor	sahíg
garage	garáhe
ground space underneath the house	sílong
kitchen	kusína'
living room	sála
porch; balcony	balkón; balkonáhe
post	halígi; póste
rear of barrio house for washing and storage of water	batalán
roof	bubóng
room	silíd; kuwárto
sink	labábo
stairs; stairway; steps	hagdán, hagdánan
storeroom; warehouse	bodéga
toilet	kasílyas

upstairs	itaás
wall	dingdíng
window	bintána'
window sill	pasimáno
water runway; gutter; downspout	alulód

G. Things in the House

(Mga Bagay-bagay sa Bahay)

bed	káma
bed spread	kubrekáma
bench; stool	bangkó'
blanket	kúmot
cabinet	kábinet
calendar	kalendáryo
chair	sílya
clock	reló, relós; orasán
closet	aparadór
cupboard	paminggálan
curtain	kurtína
divan	pápag
dresser	tokadór
fan (electric)	bentiladór
flower vase	ploréra
light; lamp	ílaw
mat	baníg
mirror; looking glass	salamín
mosquito net	kulambó'
pillow	únan
pillow case	pundá
radio	rádyo
refrigerator	repridyiréytor; prídyider (Frigidaire)
sofa; couch	sopá
table	mésa
television	telebisyón
transistor radio	transistór
trunk	baól

H. Things in the Kitchen

(Mga Bagay-bagay sa Kusina')

basin	palanggána
bolo; kitchen knife	iták
bowl	mangkók
can opener	abreláta; pambukás

casserole; pan	kaseróla
colander	salaán
cooking vat	talyáse
cup	tása
dining table	mésa; hapág kainán
dipper	tábo'
faucet	grípo
fork	tinidór
frying pan	kawáli'
glass (drinking)	báso
jar (earthen)	tapáyan (for water storage); bangá' (for drinking water)
kettle	kaldéro
knife	kutsílyo
ladle	sandók
napkin	serbilyéta
oven	pugón; óben
pail	timbá'; baldé
pitcher	pitsél
plate	pláto; pinggán
platter	bandehádo
pot (earthern)	palayók
pot cover	tuntóng
ring stand for pot	dikín
saucer	platíto
shredder; grater	kudkúran
sink	labábo; hugasán
spatula	siyansé
spoon	kutsára
stove	kalán
strainer; sifter	salaán
table cloth	mantél; tapéte
teaspoon	kutsaríta
winnowing basket (for removing rice chaff)	biláo

I. Cleaning Articles

(Mga Kagamitang Panglinis)

basin (large, shallow, used especially for washing clothes)	batyá'
basin (small	palanggána
broom	walís
broom (soft)	walís na tambó'
broom (stick)	walís na tintíng
coconut husk	bunót
ladder	hagdán
pail	timbá'; baldé

polisher	panlampáso; páliser
rag	basáhan; trápo
soap	sabón

J. Tools

(Mga Kasangkapan)

axe	palakól
can opener	abreláta
hammer	martílyo
hoe	asaról
key	súsi'
machete	gúlok; iták
mortar (for pounding rice)	lusóng
nails	páko'
plane	katám
pliers	plaís
plow	aráro
pump	bómba
saw	lagári'
screw	tornílyo
screwdriver	disturnilyadór
shovel; spade	pála
sickle; scythe	kárit
wrench	liyábe

K. Foods

(Mga Pagkain)

Poultry

(Manukan)

chicken	manók
duck	páto; bíbe
egg	itlóg
gizzard	balún-balúnan
quail	púgo'
turkey	pábo

Pork

(Karneng-Baboy)

bacon	tusíno
belly	liyémpo (sa tiyan)
cracklings	sitsarón
feet; knuckles	páta
ham	hamón

rind; skin	balát
salted pork	inasnáng karníng-báboy
spareribs	tadyáng
tenderloin	lómo
tripe	góto

Sea Foods

(Mga Pagkaing Galing sa Dagat)

anchovy	dílis
caesio (black-tailed)	dalágang-búkid
catfish (fresh water)	híto'
catfish (salt water)	kandúli'
cavalla	talakítok
clam	halaán
cod	bakaláw
crab	
large, black	alimángo
w/spreckled shell	alimásag
small variety	talangká'
dried salted fish	tuyó'
goby	bía'
grouper (spotted rock bass)	lápu-lápu
herring	tambán
lobster	uláng
mackerel (Spanish)	tanggínggi, tanígi'
mullet	talílong
immature	kápak
adult	bának
mussel (salt water)	tahóng
oyster	talabá
pompano	pampanó
porgy	bakóko
prawn	sugpó'
salmon	salmón
salted fish paste	bagoóng
sardines	sardínas
seaweed	damóng-dágat
shark	patíng
shrimp	hípon
smoked fish	tinapá
snapper (malabar red)	máya-máya
sole	dapá'
squid	pusít
tilapia	tilápya
tuna	tulíngan

Vegetables

(Mga Gulay)

bamboo shoots	labóng
banana blossom	púso ng ságing
beans	bins
hyacinth	bátaw
lima; kidney	patáni'
mung, mongo	munggó
snap	(a)bitsuwéla(s)
soy	balátong
string; long	sítaw
winged; seguidillas	sigarílyas
bean sprouts	tóge
beets	bits
bittermelon (amargoso)	ampalayá
cabbage	repólyo
Chinese	pétsay
swamp	kangkóng
carrot	kérot
cassava; manioc	kamóteng-káhoy; kasabá
cauliflower	kolipláwer
chickpeas	garbánsos, grabánsos
Chinese celery	kintsáy
coconut: pith of trunk	úbod
corn	maís
cucumber	pipíno
eggplant	talóng
garlic	báwang
ginger	lúya
horseradish tree	malunggáy
lentils	lentéhas
lettuce	letsúgas
mushroom	kabutí
mustard	mustása
okra	ókra
onion	sibúyas
peas	gisántes
snow pea; pea pod	sitsaró
pepper	síli
chili pepper	labúyo'
radish	labanós
scallions; green onions	sibúyas na múra'
spinach (native)	kulítis
sponge gourd	patóla
squash (pumpkin)	kalabása
sweet potato; yam	kamóte
taro	gábi
tomato	kamátis
water chestnut	apúlid
wax gourd	kondól
white squash;	úpo
bottle gourd	

yam (usually violet in color)	úbe
yam bean (native turnip)	singkamás

Fruits

(Mga Prutas o Bunga)

apple	mansánas
mountain apple	makópa
sugar apple	átis
velvet apple	mabólo
avocado; alligator pear	abokádo
banana	ságing
cooking variety	sabá
breadfruit	rímas
cantaloupe; melon	milón
chicle	chico
coconut	niyóg
young	búko
full of soft meat	makapunó'
durian	duriyán
grape	úbas
guamachile	kamatsilé
guava	bayábas
jackfruit	langká', nangká'
lansium domesticum	lansónes
lemon	limón
lime	dáyap
small variety	kalamansí'
lychee	letsíyas
mango	manggá
mangosteen	manggustín
nuts	
almond	alméndras; álmon
cashew	kasúy
chestnut	kastányas
peanut	maní'
orange (native)	sintúnis; naranghíta, dalanghíta; dalandán
papaya	papáya
pear	péras
pineapple	pinyá
plum (native varieties)	dúhat; sinigwélas
pomelo	súha'
rambutan	rambután
sandorium indicum	santól
soursop	guyabáno
star-apple	kayimíto, kaymíto
starfruit	balimbíng
tamarind	sampálok
watermelon	pakwán

285

Noodles

(Mga Pansit)

bean noodle (transparent when cooked)	sotanghón
dried Chinese noodle	pansít kantón
rice noodle	bíhon
wheat noodle	míki
wheat noodle (fine)	míswa

Cereals

corn	maís
oatmeal	ótmil
rice	bigás
glutinous rice	malagkít
wheat	trígo

Cooking Ingredients and Condiments

(Mga Rikado)

anise	anís
bay leaf	lawrél
butter	mantekílya
cheese	késo
coconut milk	gatá'
cornstarch	gawgáw
fish sauce	patís
flour	arína, harína
gelatin (native, made from seaweed)	guláman
honey	pulót-pukyútan
mayonnaise	mayonésa
milk	gátas
monosodium glutamate	bétsin
mushroom	kabuté
blackwood ear (dried, black mushroom)	téngang-dagá'
oregano; marjoram	orégano
pepper	pamintá
red Cayenne	pamintón
pickles (native)	atsára (vegetables); kilawín (meat/fish)
salt	asín
saltpeter	salitre
sesame seed	lingá
shortening; lard	mantíka'
soy sauce	tóyo'
sugar	asúkal
brown	puláng asúkal
crude	panutsá
syrup	pulót

vanilla	banílya
vinegar	súka'
worcestershire sauce	sálsa perín

Alcoholic Drinks and Beverages

(Mga Inumin)

beer	serbésa
chocolate	tsokoláte
coffee	kapé
gin	hinyébra
liquor; wine	álak
native (from coconut)	tubá'
tea	tsaá, tsa

L. Parts of Plants and Trees

Parts of a Plant

(Mga Bahagi ng Halaman)

bud	búko
flower	bulaklák
fruit	búnga
leaf	dáhon
root	ugát
seed	butó
stem; branch	sangá

Parts of a Tree

(Mga Bahagi ng Puno)

bark	balát
branch	sangá
trunk	púno'
twig	siít

M. Flora of the Philippines

Trees

(Mga Puno)

abaca; Manila hemp	abaká
acacia; monkeypod	akásya
bamboo	kawáyan
cabinet woods	
mahogany	kamagóng
narra	nára

coconut	niyóg ·
rattan	ratán

Flowers

(Mga Bulaklak)

bougainvilla	bugambílya
brunfelsia (lady of the night)	dáma de nóche
canangium odorata; pakalana (greenish fragrant leaf-like flowers)	ílang-ílang
champak (white or orange)	tsampáka
dahlia	dálya
frangipani; plumeria	kalatsútsi'
gardenia	rosál
ginger (white or yellow); ginger lily	kámya
hibiscus	gumaméla
jasmin	hasmín
lily	líryo
Mexican creeper (chain of love)	kadéna de amór
orchid	órkid; dápo'
pikake (Arabian jasmin)	sampagíta/sampaguíta
rose	rósas
tuberose	asuséna

N. Fauna of the Philippines

Animals

(Mga Hayop)

carabao; water buffalo	kalabáw
cat	púsa'
chick	sísiw
chicken	manók
cow	báka
crocodile; alligator	buwáya
deer	usá
dog	áso
frog	palaká'
goat	kambíng
goose	gansá'
hen	inahín
horse	kabáyo
lizard	butikí'
monkey	unggóy; tsónggo
mouse; rat	dagá'

pig	báboy
rabbit	kuného
rooster	tandáng
sheep	túpa
snake	áhas
turkey	pábo
turtle	pagóng

Birds
(Mga Ibon)

bat	paníki'
crow	uwák
dove; pigeon	kalapáti
eagle	ágila
hawk	láwin
owl	kuwágo
parrot	lóro
sparrow	máya

Insects
(Mga Kulisap)

ant	langgám
bee	bubúyog
beetle	salagúbang
coconut bettle	uwáng
butterfly	paruparó
caterpillar	hígad
centipede	alupíhan
cockroach	ípis
dragonfly	tutubí
firefly	alitaptáp
flea	pulgás
chicken flea	hánip
fly	lángaw
locust	bálang
louse (or lice)	kúto
mosquito	lamók
moth	gamu–gamó
spider	gagambá
termite	ánay
wasp; hornet	putaktí
worm	úod

O.   Colors
(Mga Kulay)

blue	asúl
black	itím

289

brown	tsokoláte; kapé; kayumanggí
gray	abó
green	bérde
orange	óreynds; kúlay dalanghíta
pink	rósas
red	pulá
violet	líla; úbe
white	putí'
yellow	diláw

P. Tagalog and Spanish Numerals

(Mga Bilang sa Tagalog at Kastila')

	Tagalog	Spanish
1	isá	úno
2	dalawá	dos
3	tatló	tres
4	ápat	kuwátro
5	limá	síngko
6	ánim	saís
7	pitó	siyéte
8	waló	ótso
9	siyám	nuwébe
10	sampú'	diyés
11	labíng–isá	ónse
12	labíndalawá	dóse
13	labíntatló	trése
14	labíng–ápat	katórse
15	labínlimá	kínse
16	labíng–ánim	disisaís
17	labímpitó	disisiyéte
18	labíng–waló	disiótso
19	labínsiyám	disinuwébe
20	dalawampú'	béynte, bénte
21	dalawampú't isá	béynte úno
30	tatlumpú'	tréynta, trénta
35	tatlumpú't limá	tréynta'y síngko
40	apat na pú	kuwarénta
43	ápat na pu't tatló	kuwarénta'y trés
50	limampú'	singkuwénta
55	limampú't limá	singkuwénta'y síngko
60	ánim na pu'	sisénta
69	ánim na pu't siyám	sisénta'y nuwébe
70	pitumpú'	siténta
78	pitumpú't waló	siténta'y ótso
80	walumpú'	otsénta
86	walumpu't anim	otsénta'y saís
90	siyám na pu'	nubénta
94	siyám na pu't apat	nubénta'y kuwátro

100	isáng daán/sandaán	siyénto
150	isáng daán at limampú'	siyénto singkuwénta
200	dalawáng daán	dosiyéntos
300	tatlóng daán	tresiyéntos
335	tatlóng daán at tatlumpú't limá	tresiyéntos tréynta'y síngko
400	ápat na raán	kuwatrosiyéntos
500	limáng daán	kinyéntos
600	ánim na raán	saisiyéntos
609	ánim na raán at siyám	saisiyéntos nuwébe
700	pitóng daán	siyetesiyéntos
995	siyám na raán at siyám na pu't limá	nuebesiyéntos nubénta'y síngko
1,000	isáng líbo/sanlíbo	mil

Q. Natural Elements and Occurrences

(Mga Elemento ng Kalikasan)

air; wind; breeze	hángin
cloud; fog; mist	úlap
dawn; sunrise	madalíng-áraw
dew	hamóg
drizzle; rain; shower	ambón
dust	alikabók
earthquake	lindól
fire; flame	apóy
lightning	kidlát
moon	buwán
mud	pútik
rain	ulán
rainbow	bahaghári'
sand	buhángin
sky; heavens	lángit
smoke	asó; úsok
soil	lúpa'
star	bituín
stone	bató
sun	áraw
thunder	kulóg
twilight	takipsílim
typhoon; storm	bagyó
water	túbig
wave	álon

R. Topographical Terms

(Topograpiya)

beach	tabíng-dágat; dalámpasígan; apláya
brook; creek; stream	sápa'
cave	kuwéba; yungíb
city	siyudád; lunsod
desert	disyérto
field; farm	búkid
forest	gúbat
island	ísla; pulo'
lake	láwa'
landscape; scenery	tanáwin
meadow	párang
mountain	bundók
ocean; sea	dágat
plain	kapatágan
port; wharf	daúngan
river	ílog
road; street	daán; kálye
town	báyan
valley	lambák; libís
village	náyon
volcano	bulkán
waterfall	talón

S. Places

(Mga Iba't-ibang Lugar)

airport	palipáran
bakery	panaderyá
bank	bángko
barber shop	barberyá
beauty parlor	pakulútan
cafeteria	kapetiryá
carnival: fair	karnabál
cemetery	sementéryo
church	simbáhan
churchyard	pátyo
clinic	klínika
cockpit (for chicken fight)	sabungán
convent; rectory	kumbénto
dormitory	dormitóryo
dress(maker) shop	modísta
drugstore; pharmacy	botíka; parmásya
funeral home	punerárya
gambling den	sugálan
hospital	ospitál

292

hotel	otél
library	aklátan
market	paléngke
movie theater	síne, sinehán
office	opisína; tanggápan
town square; plaza	plása
pier	piyér; daúngan
playground	palarúan
post office	pos ópis; tanggápan ng súlat
restaurant	restawrán
Chinese restaurant	pansiteryá
school	paaralán; eskuwelahán
elementary school	mabábang paaralán
high school	mataás na paaralán
college	koléhiyo
university	unibersidád;
station (bus, train)	estasyón (ng bus, ng tren)
store	tindáhan
variety store	sári-sári'
street corner	kánto
tailor shop	sastré
town hall	munisípyo

T. Means of Transportation

(Mga Sasakyan)

airplane	eropláno
banca; canoe	bangká'
bicycle	bisikléta
bus	bús
car; automobile	kótse; óto, áwto
cart	karitón
horse-drawn rig	karitéla; kalésa
jeep	dyip, dyípni
motorcycle	motorsíklo
raft	balsá
ship; boat	barkó; bapór
train	tren
truck	trak

293

U. Units of Measure Used in the Philippines

			approximate (U.S. equivalent)
Linear Measure (Length)			
12 inches/*pulgáda*	=	1 foot/*talampákan; piyé*	
3 feet/*talampákan*	=	1 yard/*yárda* or	
		91 centimeters/*sentimétro*	
100 centimeters/*sentímetro*	=	1 meter/*métro*	(=1.09 yards)
1,000 meters/*métro*	=	1 kilometer/*kilométro*	(=0.62 miles)
Land Measure (Area)			
10,000 sq. meters/*métro kuwadrádo*	=	1 hectare/*ektárya*	(=2.471 acres)
Weight Measure			
100 grams/*grámo*	=	1 hectogram/*gúhit*	(=3.5 ounces/*ónsa*)
10 *gúhit*/(1,000 grams)	=	1 kilogram/*kílo*	(=2.2 lbs./*líbra*)
100 kilograms/*kílo*	=	1 metric ton/*toneláda*	(=1.1 tons)
Measure of Liquid Capacity			
		1 liter/*lítro*	(=1.05 quarts or 2.1 pints)
3.785 liters/*lítro*	=	1 gallon/*galón*	(=4 qts.)

V. Supplementary List of Adjectives

For People

absent-minded	malilimutín
active; fast	maliksí; mabilís
angry	galít
bad	masamá'
beautiful; pretty	magandá
big	malakí
brave; courageous	matápang
cautious; careful	maíngat
clean	malínis
conceited; boastful	mayábang; hambóg
coward	duwág
crazy	lukú-lukó, lóko; ulól; balíw
cruel	malupít
dark complexioned	maitím
delightful; likeable	nakakatuwá'
diligent; hard-working; industrious	masípag
dirty	marumí; madumí'
disorderly; rowdy	maguló
drunk	lasíng
fair complexioned	maputí'
fickle	pabágu-bágo; salawáhan
fine; good	mabúti
funny; comical	nakakatawá, katawá-tawá; kómiko/a
crude	magasláw
gentlemanly	maginoó
gossipy; tattletale	tsismóso/a
handsome; dashing	makísig; guwápo
happy; cheerful; gay	masayá
honest; truthful; sincere; loyal	matapát
humble	mabábang-loób; mapakumbabá'
ignorant	mangmáng; ignoránte
intelligent; wise	matalíno; marúnong
kind; good	mabaít
lazy	tamád
liar	sinungáling
mischievous; naughty	pílyo/a
modest; refined	mahinhín
noisy	maíngay
old	matandá'
patient	matiyagá'
playboy	palikéro/a
pitiful	kawáwa'
polite; courteous	magálang
poor; difficult	mahírap
quiet	tahímik

restless; wriggly	malikót
rich	mayáman
rough; coarse	magaspáng
sad	malungkót
short	pandák
short-tempered	maínit ang úlo
shy	mahiyáin
slow	mabágal
small	maliít
snobbish; haughty	supládo/a
stout; fat	matabá'
strict	mabagsík
strong	malakás
stupid; dumb	bóbo
talkative	daldál
tall	matangkád; mataás
thin; slim	payát
ugly	pángit
uncouth; rude	bastós
vain	banidóso/a
weak	mahína'
young	báta'

For Things and Conditions

big	malakí
cheap; inexpensive	múra
clean	malínis
clear	malínaw
crooked	baluktót
deep	malálim
destroyed; broken	sirá'
dirty	marumí, madumí
dull	mapuról
durable; sturdy	matíbay
empty	waláng lamán
expensive	mahál
few; little	kauntí'
foul-smelling	mabáho'
fragile; delicate; weak	marupók
fragrant	mabangó
full/filled	punó'
hard; tough	matigás
heavy	mabigát
high	mataás
light (of weight)	magaán
long	mahába'
loose	maluwág, maluwáng
low	mabába'
many; plenty	marámi
narrow	makítid
new	bágo
nice; good-looking; pretty	magandá
old	lúma'

rectangular	rektánggulo
rough; coarse	magaspáng
round; circular	bilóg
rugged	bakú–bakó'
shallow	mabábaw
sharp	matalím
short	maiklí', maiksí'
small	maliít
smooth; fine	makínis; píno
smooth; levelled	pátag
soft; tender	malambót
square	kudrádo, kuwadrádo
straight	tuwíd
thick	makapál
thin	manipís
triangular	trayánggulo, triyánggulo
twisted	balikukó'
ugly	pángit
upside-down; inside-out	baligtád, baliktád
wet	basá'
wide	malápad

For Clothing

bright-colored	matingkád
faded	kupás
light-colored; pale	maputlá'
long	mahába'
loose	maluwáng, maluwág
new	bágo
old	lúma'
old-fashioned	makalúma'
pressed; ironed	plantsádo
shiny	makintáb
short	maiklí', maiksí'
snug; tight	masikíp
stylish	móda
thick	makapál
thin	manipís
transparent	naaanínag
wrinkled; creased	lukót; gusót

For Food

alive	buháy
bitter	mapaít
bland	matabáng
bruised; squashed (of fruits, vegetables)	bugbóg
burned	sunóg
chewy; resilient	makúnat
cold	malamíg
cooked	lúto'

crisp	malutóng
dead	patáy
decayed; spoiled; rotten	bulók
almost spoiled (of	bilasá'
fish esp.)	
delicious; good	masaráp; malinamnám
fishy	malansá
fresh	saríwa'
hard; tough	matigás
hot; warm	maínit
mature	magúlang
nutritious	masustánsya
oily	malangís
rancid	maantá
raw; unripe	hiláw
ripe (esp. fruits)	hinóg
salty	maálat
soft; tender	malambót
soggy	malatá'
sour	maásim
tasty	malása
spicy-hot; peppery-hot	maangháng
sweet	matamís
wilted	lantá
young	múra'

For the Weather

bad	masamá'
bright; clear	maliwánag; maaliwálas
cloudy	maúlap
cool; cold; chilly	malamíg; magináw
dark	madilím
dusty	maalikabók
early	maága
good	magandá
hot; warm	maínit
humid	úmido
late	tangháli'
muddy	mapútik
quiet; calm	tahímik
rainy	maulán
windy	mahángin

Appendix 2

This appendix is composed of native songs. The list starts off with the *Pambansang Awit* (the National Anthem) followed by an English free translation. There are 20 popular native songs included in the list. Filipinos love to sing and anyone can be called upon to render an impromptu vocal solo during programs, parties, or any social gathering. It can save a student many embarrassing moments if he or she can memorize two or three of these songs and sing them when requested to do so.

The following are the titles of the songs given.

A. Pambansang Awit (National Anthem)

B. Bahay Kubo

C. Magtanim Ay Di Biro'

D. O Ilaw

E. Lulay

F. Harana

G. Bakya Mo Neneng

H. Bayan Ko

I. Sarung Banggi

J. Lubi-Lubi

K. Sitsiritsit

L. Paruparong Bukid

M. Ang Dalagang Pilipina

N. Katakataka

O. Dahil Sa Iyo

P. Pandangguhan

Q. Leron-Leron Sinta

R. Sinisinta Kita

S. Ikaw

T. Ang Pasko Ay Sumapit

Pambansang Awit
(National Anthem)

Bayang Magiliw
Perlas ng Silanganan
Alab ng puso'
Sa dibdib mo'y buhay.

Lupang hinirang,
Duyan ka ng magiting,
Sa manlulupig
Di ka pasisiil.

Sa dagat at bundok
Sa simoy at sa langit mong bughaw;
May dilag ang tula'
At awit sa paglayang minamahal.

Ang kislap ng watawat mo'y
Tagumpay na nagniningning,
Ang bituin at araw niya
Kailan pa ma'y di magdidilim.

Lupa ng araw, ng luwalhati't pagsinta,
Buhay ay langit sa piling mo;
Aming ligaya na pag may mang-aapi
Ang mamatay nang dahil sa iyo.

. . .

Land of the morning
Child of the sun returning
With fervor burning
Thee do our souls adore.

Land dear and holy,
Cradle of noble heroes,
Ne'er shall invaders
Trample thy sacred shores.

Ever within thy skies and through thy clouds
And o'er thy hills and seas;
Do we behold thy radiance, feel the throb
Of glorious liberty.

Thy banner dear to all our hearts
Its sun and stars alight,
Oh, never shall its shining fields
Be dimmed by tyrants' might.

Beautiful land of love, oh land of light,
In thine embrace 'tis rapture to lie;
But it is glory ever when thou art wronged
For us thy sons to suffer and die.

Bahay Kubo

Bahay kubo, kahit munti'
Ang halaman doon ay sari-sari
Singkamas at talong
Sigarilyas at mani'
Sitaw, bataw, patani'.

Kundol, patola, upo't kalabasa
At saka mayroon pang labanos, mustasa
Sibuyas, kamatis, bawang at luya
Sa paligid-ligid ay puro linga.

Magtanim ay Di Biro'

Magtanim ay di biro'
Maghapong nakayuko'
Di ka man makatayo'
Di ka man makaupo'.

Sa umagang pagkagising
Lahat ay iisipin
Kung saan may patanim
May masarap na pagkain.

Halina, halina
Mga kaliyag
Tayo'y magsipag-unat-unat
Magpanibago tayo ng lakas
Para sa araw ng bukas.

O Ilaw

O ilaw sa gabing madilim
Wangis mo'y bituin sa langit
O tanglaw sa gabing tahimik
Larawan mo Neneng nagbigay pasakit, ay!

301

Gising at magbangon, sa pagkagupiling
Sa pagkakatulog, na lubhang mahimbing
Buksan ang bintana at ako'y dungawin
Nang mapagtanto mo, ang tunay kong pagdaing.

Lulay

Anong laking hirap kung pagkaiisipin
Ang gawang umibig sa babaing mahinhin
Lumuluhod ka na'y di ka pa mandin pansin
Sa hirap ika'y kaniyang susubukin.

Ligaya ng buhay, babaing sakdal inam
Ang halaga niya'y
Di matutumbasan
Kahinhinan niya'y tanging kayamanan.

Harana

Dungawin mo hirang
Ang nananambitan
Kahit sulyap mo man lamang
Iyong idampulay
Sapagkat ikaw lamang
Ang tanging dalanginan
Ng puso kong dahil sa iyo'y
Nabubuhay.

Bakya Mo Neneng

Ang bakya mo Neneng
Luma at kupas na
Ngunit may bakas pa ng luha mo, sinta
Sa ala-ala'y muling nagbalik pa
Ang dating kahapong tigib ng ligaya.

Ngunit irog ko, bakit isang araw
Hindi mo ginamit and bakya kong inialay
Sa wari ko ba'y di mo na kailangan
Bakyang idinulot sa 'yo aking hirang.

Ang aking pag-asa'y saglit na pumanaw
Sa bakya mo Neneng na di nasilayan
Kung inaakalang iyan ay munting bagay
Huwag itapon aking hirang
Pang aliw ko kailan man.

Bayan Ko

Ang bayan kong Pilipinas
Lupain ng ginto't bulaklak
Pag-ibig ang sa kanyang palad
Nag-alay ng ganda't dilag
At sa kanyang yumi at ganda
Dayuhan ay nahalina
Bayan ko! Binihag ka
Nasadlak sa dusa.

Ibon mang may layang lumipad
Kulungin mo at umiiyak
Bayan pa kayang sakdal dilag
Ang di magnasang makaalpas
Pilipinas kong minumutya'
Pugad ng luha ko't dalita'
Aking adhika'
Makita kang sakdal laya'.

Sarung Banggi

Isang gabi, maliwanag
Ako'y naghihintay
Sa aking magandang dilag
Namamanglaw, ang puso ko
At ang diwa ko'y laging nangangarap.

Malasin mo giliw
Ang saksi ng aking pagmamahal,
Bituing nagniningning
Kislap ng tala't liwanag ng buwan
Ang siyang nagsasabing
Pag-ibig ko'y sadyang tunay
Araw-gabi, ang panaginip ko'y ikaw.

Magbuhat nang ikaw ay aking mamalas
Ako ay natutong gumawa ng awit
Pati ng puso kong dati'y matahimik
Ngayo'y dumadalas
Ang tibok ng dibdib.

Lubi-Lubi

Enero, Pebrero
Marso, Abril, Mayo
Hunyo, Hulyo, Agosto
Setyembre, Oktubre
Nobyembre, Disyembre
Lubi-lubi.

Sitsiritsit

Sitsiritsit, alibangbang,
Salaginto at salagubang.
Ang babae sa lansangan,
Kung gumiri'y parang tandang.

Santo Niño sa Pandakan,
Puto seko sa tindahan.
Kung ayaw mong magpautang,
Uubusin ka ng langgam.

Mama, mama, namamangka,
Pasakayin yaring bata.
Pagdating sa Maynila,
Ipagpalit ng manika.

Ale, ale, namamayong,
Pasukubin yaring sanggol.
Pagdating sa Malabon,
Ipagpalit ng bagoong.

Sitsiritsit, alibangbang,
Salaginto at salagubang.
Ang babae sa lansangan,
Kung gumiri'y parang tandang.

Paruparong Bukid

Paruparong bukid, na lilipad-lipad
Sa gitna ng daan, papagapagaspas
Isang bara ang tapis
Isang dangkal ang manggas
Ang sayang de kola
Isang piyesa ang sayad.

May payneta pa siya . . . uy!
May suklay pa mandin . . . uy!
Nagwas de ohetes ang palalabasin
Haharap sa altar, at mananalamin
At saka lalakad nang pakendengkendeng.

Ang Dalagang Pilipina

Ang dalagang Pilipina
Parang tala sa umaga
Kung tanawin ay nakaliligaya
May ningning na tangi at dakilang ganda
Maging sa ugali, maging sa kumilos
Mayumi, mahinhin, mabini ang lahat ng ayos
Malinis ang puso, maging sa pag-irog
May tibay at ningning ng loob.

Bulaklak na tanging marilag
Ang bango ay humahalimuyak
Sa mundo'y dakilang panghiyas
Pang-aliw sa pusong may hirap
Batis ng ligaya at galak
Hantungan ng madlang pangarap
Iyan ang dalagang Pilipina
Karapatdapat sa isang tunay na pagsinta.

Katakataka

Katakatakang mahibang ang katulad ko sa iyo
Biru-biro ang simula, ang wakas pala ay ano
Aayaw-ayaw pa ako ngunit iyan ay di totoo
Dahil sa iyo, puso kong ito'y binihag mo.

Alaala ka maging gabi't araw
Alipinin ma'y walang kailangan
Marinig ko lang sa labi mo hirang
Na ako'y iibigin, habang nabubuhay.

Dahil Sa Iyo

Sa buhay ko'y labis, ang hirap at pasakit
Ng pusong umiibig, mandi'y wala nang langit.
At nang lumigaya, hinango mo sa dusa
Tanging ikaw sinta, ang aking pag-asa.

Dahil sa iyo, nais kong mabuhay
Dahil sa iyo, hanggang mamatay
Dapat mong tantuin, wala nang ibang giliw
Puso ko'y tanungin, ikaw at ikaw rin.

Dahil sa iyo, ako'y lumigaya
Pagmamahal, ay alayan ka
Kung tunay mang ako ay alipinin mo
Ang lahat ng ito'y dahil sa iyo.

Pandangguhan

Manunugtog ay nangagpasimula'
At nangagsayawan ang mga mutya'
Sa mga padyak parang magigiba'
Ang bawa't tapakan ng mga bakya'.

Kung pagmamasdan ay nakatutuwa'
Ang hinhin nila'y hindi nawawala'
Tunay na hinahangaan ng madla'
Ang sayaw nitong ating inang bansa'.

Dahil sa ikaw mutyang paraluman
Walang kasing-ganda sa dagat silangan
Mahal na hiyas ang puso mo hirang
Ang pag-ibig mo'y kay hirap kamtan.

Kung hindi taos ay mabibigo
Sa mga pagsuyong iniaalay.
                        (2 times)

Halina aking mahal
Ligaya ko ay ikaw
Kapag di ka natatanaw
Ang buhay ko ay namamanglaw.
                        (2 times)

Kung may pista sa aming bayan
Ang lahat ay nagdiriwang
May litson bawa't tahanan
May gayak pati simbahan
Paglabas ng Santa Mariang mahal
Kami ay taos na nagdarasal.

Prusisyon dito ay nagdaraan
Kung kaya kami ay nag-aabang
May tumutugtog at may sumasayaw
Mayrong sa galak ay napapasigaw
Ang pista sa bayan namin ay ganyan
Ang saya tila walang katapusan.

Leron-Leron Sinta

Leron-leron sinta, umakyat sa papaya
Dala-dala'y buslo, sisidlan ng bunga
Pagdating sa dulo'y nabali ang sanga
Kapos kapalaran, humanap ng iba.

Halika na Neneng, tayo'y manampalok
Dalhin mo ang buslo, sisidlan ng hinog
Pagdating sa dulo'y uunda-undayog
Kumapit ka Neneng, baka ka mahulog.

Halika na Neneng at tayo'y magsimba
At iyong isuot ang baro mo't saya
Ang baro mo't sayang pagkaganda-ganda
Kay ganda ng kulay—berde, puti', pula.

Ako'y ibigin mo, lalaking matapang
Ang baril ko'y pito, ang sundang ko'y siyam
Ang lalakarin ko'y parte ng dinulang
Isang pinggang pansit ang aking kalaban.

Sinisinta Kita

Sinisinta kita'y di ka kumikibo'
Akala mo yata ako'y nagbibiro'
Kung di kita sinta'y putok na ang puso'
Saksi ko ang tikling sampu ng labuyo'.

Sinisinta kita ng sintang palpatok
Palpatok na sintang bunga ng sampalok
Isdang nasa dagat mataba't mabilog
Malinab ang sabaw, masarap ang higop.

Sinisinta kita ng sintang ano pa
Sinta kita ngayon bukas ay hindi na
Na kung kaya lamang kita sinisinta
Awa' ko sa iyo'y gagala-gala ka.

Sinisinta kita ng sintang dalisay
Dalisay na sintang hanggang nabubuhay
Mabiyak ang bato't magbangon ang patay
Sinta ko sa iyo'y di ko lilimutan.

Ikaw

Ikaw ang aking panaginip
Ikaw ang tibok ng dibdib
Pusong umiibig
Dinggi't umaawit
Tinataghoy ay pag-ibig.

Ikaw ang ligaya sa buhay
Sa piling mo'y walang kamatayan
Puso ko'y nangumpisal
Sa birheng dalanginan
Na ang pangarap ko'y . . . IKAW.

Ang Pasko ay Sumapit

Ang Pasko ay sumapit
Tayo ay mangagsi-awit
Ng magagandang himig
Dahil sa ang Diyos ay Pag-ibig.

Nang si Kristo ay isinilang
May tatlong haring nagsidalaw
At ang bawa't isa
Ay nagsipaghandog ng tanging alay.

Bagong Taon ay magbagong buhay
Nang lumigaya ang ating bayan
Tayo'y magsikap
Upang makamtan natin ang kasaganaan.

Tayo ay magmahalan
Ating sundin ang gintong-aral
At magbuhat ngayon
Kahi't hindi Pasko ay magbigayan.

Appendix 3

This Appendix is comprised of four verb charts which illustrate certain verbal conjugations. Actor focus affixes -um-, mag-, ma- and the goal/object focus affixes i-, -in, -an are illustrated each with three aspects: completed (past), incompleted (present), and contemplated (future). These paradigms will help the student understand the inflection system of Tagalog verbs. Only selected verbs used in the text are cited in the paradigms.

Supplementary List of Verbs in Three Aspects

-Um- Verbs

Gloss	Root	Infinitive	Completed Aspect	Incompleted Aspect	Contemplated Aspect
borrow	hirám	humiram	humiram	humihiram	hihiram
buy	bilí	bumili	bumili	bumibili	bibili
choose	píli'	pumili'	pumili'	pumipili'	pipili'
come in	tulóy	tumuloy	tumuloy	tumutuloy	tutuloy
count	bílang	bumilang	bumilang	bumibilang	bibilang
dance	sayáw	sumayaw	sumayaw	sumasayaw	sasayaw
drink	inóm	uminom	uminom	umiinom	iinom
eat	káin	kumain	kumain	kumakain	kakain
enter	pások	pumasok	pumasok	pumapasok	papasok
get	kúha	kumuha	kumuha	kumukuha	kukuha
go	puntá	pumunta	pumunta	pumupunta	pupunta
go home	uwí'	umuwi'	umuwi'	umuuwi'	uuwi'
go out	labás	lumabas	lumabas	lumalabas	lalabas
go with	sáma	sumama	sumama	sumasama	sasama
help	túlong	tumulong	tumulong	tumutulong	tutulong
jump	talón	tumalon	tumalon	tumatalon	tatalon

laugh	táwa	tumawa	tumawa	tumatawa	tatawa
leave	alís	umalis	umalis	umaalis	aalis
look	tingín	tumingin	tumingin	tumitingin	titingin
look for	hánap	humanap	humanap	humahanap	hahanap
pass	daán	dumaan	dumaan	dumadaan	dadaan
read	bása	bumasa	bumasa	bumabasa	babasa
recite a poem	tulá'	tumula'	tumula'	tumutula'	tutula'
ride	sakáy	sumakay	sumakay	sumasakay	sasakay
run	takbó	tumakbo	tumakbo	tumatakbo	tatakbo
sing	kantá	kumanta	kumanta	kumakanta	kakanta
sit	upó'	umupo'	umupo'	umuupo'	uupo'
stand	tayó'	tumayo'	tumayo'	tumatayo'	tatayo'
swim	langóy	lumangoy	lumangoy	lumalangoy	lalangoy
wake up	gísing	gumising	gumising	gumigising	gigising
walk	lákad	lumakad	lumakad	lumalakad	lalakad
write	súlat	sumulat	sumulat	sumusulat	susulat

Mag – Verbs

Gloss	Root	Infinitive	Completed Aspect	Incompleted Aspect	Contemplated Aspect
(play) basketball	básketbol	magbasketbol	nagbasketbol	nagbabasketbol	magbabasketbol
bowl	bóling	magboling	nagboling	nagboboling	magboboling
breakfast	almusál	mag-almusal	nag-almusal	nag-aalmusal	mag-aalmusal
brush(teeth)	sipílyo	magsipilyo	nagsipilyo	nagsisipilyo	magsisipilyo
go to church	simbá	magsimba	nagsimba	nagsisimba	magsisimba
clean	línis	maglinis	naglinis	naglilinis	maglilinis
comb	sukláy	magsuklay	nagsuklay	nagsusuklay	magsusuklay
get dressed	bíhis	magbihis	nagbihis	nagbibihis	magbibihis
give	bigáy	magbigay	nagbigay	nagbibigay	magbibigay
(have a) meeting	míting	magmiting	nagmiting	nagmimiting	magmimiting
(see a) movie	síne	magsine	nagsine	nagsisine	magsisine
play	laró'	maglaro'	naglaro'	naglalaro'	maglalaro'
put away/ clear	ligpít	magligpit	nagligpit	nagliligpit	magliligpit
return	saúli'	magsauli'	nagsauli'	nagsasauli'	magsasauli'
see each other	kíta	magkita	nagkita	nagkikita	magkikita
shave	áhit	mag-ahit	nag-ahit	nag-aahit	mag-aahit
smoke cigarettes	sigarílyo	magsigarilyo	nagsigarilyo	nagsisigarilyo	magsisigarilyo
snack	meriénda	magmerienda	nagmerienda	nagmemerienda	magmemerienda
speak	salitá'	magsalita'	nagsalita'	nagsasalita'	magsasalita'
study	áral	mag-aral	nag-aral	nag-aaral	mag-aaral
talk to each other	úsap	mag-usap	nag-usap	nag-uusap	mag-uusap

Gloss	Root	Infinitive	Completed	Incompleted	Contemplated
teach	túro'	magturo'	nagturo'	nagtuturo'	magtuturo'
wait	hintáy	maghintay	naghintay	naghihintay	maghihintay
wash	labá	maglaba	naglaba	naglalaba	maglalaba
wash face	hilámos	maghilamos	naghilamos	naghihilamos	maghihilamos
watch/observe	masíd	magmasid	nagmasid	nagmamasid	magmamasid
work	trabáho	magtrabaho	nagtrabaho	nagtratrabaho	magtratrabaho

Ma- Verbs

Gloss	Root	Infinitive	Completed Aspect	Incompleted Aspect	Contemplated Aspect
(get) angry	gálit	magalit	nagalit	nagagalit	magagalit
bathe	lígo'	maligo'	naligo'	naliligo'	maliligo'
(become) crazy	lóko	maloko	naloko	naloloko	maloloko
fall	húlog	mahulog	nahulog	nahuhulog	mahuhulog
(be) frightened	tákot	matakot	natakot	natatakot	matatakot
(be) full	busóg	mabusog	nabusog	nabubusog	mabubusog
(be) glad	tuwá'-	matuwa'	natuwa'	natutuwa'	matutuwa'
(get) hungry	gútom	magutom	nagutom	nagugutom	magugutom
(be) late	hulí	mahuli	nahuli	nahuhuli	mahuhuli
learn	túto	matuto	natuto	natututo	matututo
leave behind	íwan	maiwan	naiwan	naiwan	maiwan
listen	-kiníg	makinig	nakinig	nakikinig	makikinig

Ma – Goal Focus Verbs

Gloss	Root	Infinitive	Completed Aspect	Incompleted Aspect	Contemplated Aspect
sleep	túlog	matulog	natulog	natutulog	matutulog
(get) thirsty	úhaw	mauhaw	nauhaw	nauuhaw	mauuhaw
(get) tired	págod	mapagod	napagod	napapagod	mapapagod
view/watch	noôd	manood	nanood	nanonood	manonood
hear	diníg	marínig	narinig	naririnig	maririnig
meet	kilála	makilála	nakilala	nakikilala	makikilala
notice	pansín	mapansín	napansin	napapansin	mapapansin
see	kíta	makita	nakita	nakikita	makikita

I- Verbs

Gloss	Root	Infinitive	Completed Aspect	Incompleted Aspect	Contemplated Aspect
cook	lúto'	iluto'	ilinuto' iniluto'	ilinuluto' iniluluto'	iluluto'
fry	príto	iprito	ipinirito	ipiniprito	ipriprito

Gloss	Root	Infinitive	Completed Aspect	Incompleted Aspect	Contemplated Aspect
give	bigáy'	ibigáy	ibinigay	ibinibigay	ibibigay
keep	tágo'	itago'	itinago'	itinatago'	itatago'
place	lagáy	ilagay	ilinagay	ilinalagay	ilalagay
plant	taním	itanim	itinanim	itinatanim	itatanim
return	saúli'	isauli'	isinauli'	isinasauli'	isasauli'
teach	túro'	ituro'	itinuro'	itinuturo'	ituturo'
throw	tápon	itapon	itinapon	itinatapon	itatapon

In- Verbs

Gloss	Root	Infinitive	Completed Aspect	Incompleted Aspect	Contemplated Aspect
ask	hingí'	hingin	hiningi'	hinihingi'	hihingin
borrow	hirám	hiramín	hiniram	hinihiram	hihiramin
carry	dalá	dalhín	dinala	dinadala	dadalhin
clean	línis	linísin	lininis'/nilinis'	linilinis/nililinis	lilinisin
cook	lúto'	lutúin	niluto'	niluluto'	lulutuin
copy	kópya	kopyahín	kinopya	kinokopya	kokopyahin
cut	pútol	putulín	pinutol	pinuputol	puputulin
cut (with scissors)	gupit	gupitín	ginupit	ginugupit	gugupitin
dig	húkay	hukáyin	hinukay	hinuhukay	huhukayin
erase	burá	burahín	binura	binubura	buburahin
fix/arrange	áyos	ayúsin	inayos	inaayos	aayusin
fold	tiklóp	tiklupín	tiniklop	tinitiklop	titiklupin
get	kúha'	kunin	kinuha'	kinukuha'	kukunin

	Root	Infinitive	Completed	Incompleted	Contemplated
kick	sípa'	sipáin	sinipa'	sinisipa'	sisipain
make	gawá'	gawin	ginawa'	ginagawa'	gagawin
rend/tear	púnit	punítin	pinunit	pinupunit	pupunitin

An- Verbs

Gloss	Root	Infinitive	Completed Aspect	Incompleted Aspect	Contemplated Aspect
close	sará	sarhán	sinarhan	sinasarhan	sasarhan
launder	labá	labhán	linabhan nilabhan	linalabhan nilalabhan	lalabhan
open	bukás	buksán	binuksan	binukusan	bubuksan
paint	pintá	pintahán	pinintahan	pinipintahan	pipintahan
wash	húgas	hugásan	hinugasan	hinuhugasan	huhugasan
wipe	púnas	punásan	pinunasan	pinupunasan	pupunasan

Appendix 4

This Appendix is composed of a display of major affixes and their various forms indicating their relationship to the focused complement (i.e., actor, goal, benefactive, locative, and instrumental) as well as to the kind of action involved (i.e., indicative, distributive, aptative/abilitative, social, and causative).

SAMPLE WORD CHART WITH VERBAL AFFIXES

KIND OF ACTION	FOCUS				
	Actor	Goal	Benefactive	Locative	Instrumental
Indicative	bumilí maglínis maglabá magtápon matúlog	bilhín linísin labhán itapon	ibili ipaglinis ipaglaba ipagtapon —	bilhán linísan paglabhán tapúnan tulúgan	ipangbili ipanglinis ipanglaba ipangtapon ipangtulog
Distributive	manghúli	panghulíhin hulíhin	ipanghuli	panghulíhan	ipanghuli
Abilitative/ Apative	makábili makapaglabá makapagtápon	mábili malabán maitapon	maíbili maipaglaba maipagtapon	mabilhán mapaglabhán mapagtapúnan	maipangbili maipanglaba maipangtapon
Social	makítáwag	pakitawag	ipakítawag	pakitawágan	ipakipangtawag
Causative Actor 1: Actor 2:	magpakúha magpalabá pakúnin papaglabahín	ipakuha palabán	ipakuha ipagpalaba	pakunan pagpalabhán	ipapangkuha ipapanglaba

Appendix 5

This Appendix is composed of four types of pronouns and markers. The personal pronouns may be divided into *ang-* pronouns (substitutes for noun phrases introduced by *ang*), *ng* pronouns (substitutes for noun phrases introduced by *ng*), *sa* pronouns (substitutes for noun phrases introduced by *sa*, and *para sa* pronouns (substitutes for noun phrases introduced by *para sa*).

PRONOUN CHART AND MARKERS

			SUBJECT MARKER		NON-SUBJECT MARKER	
NOUN MARKER			ANG	NG	SA	PARA SA
NAME (SING.)			SI	NI	KAY	PÁRA KAY
MARKER (PL.)			SINÁ	NINÁ	KINÁ	PARA KINÁ
P R O N O U N S	SINGU-LAR	1	AKÓ	KO	(SA) ÁKIN	PARA SA ÁKIN
		2	KA/IKÁW	MO	(SA) IYÓ	" " IYÓ
		3	SIYÁ	NIYÁ	(SA) KANIYÁ	" " KANIYÁ
	PLURAL	1	KAMÍ (EXCL.)	NÁMIN	(SA) ÁMIN	" " ÁMIN
			TÁYO (INCL.)	NÁTIN	(SA) ÁTIN	" " ÁTIN
		2	KAYÓ	NINYÓ	(SA) INYÓ	" " INYÓ
		3	SILÁ	NILÁ	(SA) KANILÁ	" " KANILÁ
	DEMON-STRATIVES	1	ITÓ	NITÓ	DÍTO	PARA DÍTO
		2	IYÁN	NIYÁN	DIYÁN	PARA DIYÁN
		3	IYÓN	NIYÓN	DOÓN	PARA DOÓN

Glossary

Every entry in this list (with very few exceptions) is followed by a symbol enclosed in ( ) which identifies the part of speech of the term. The following symbols are used for such identification.

adj	adjective
adv	adverb
conj	conjunction
dem	demonstrative
int	interrogative
interj	interjection
n	noun
num	numeral
part	particle
prep	preposition
pron	pronoun
pv	pseudo verb
v	verb

The number at the end of each entry indicates the lesson in which the word first occurs.

aalís (v): will leave 2
abá (interj): surprise exclamation 2
abenída (n): avenue 23
a-bénte/béynte (num): the twentieth (of the month) 9
a-bénte-dós (num): the twenty-second " 9
a-bénte-kuwátro (num): the twenty-fourth " 9
a-bénte-nuwébe (num): the twenty-ninth " 9
a-bénte-ótso (num): the twenty-eighth " 9
a-bénte-saís (num): the twenty-sixth " 9
a-bénte-síngko (num): the twenty-fifth " 9
a-bénte-siyéte (num): the twenty-seventh " 9
a-bénte-trés (num): the twenty-third " 9
a-bénte-úno (num): the twenty-first " 9
abó (adj): gray 6
abogádo (n): lawyer 4
Abríl (n): April 9
abutín (v): to hand over 21
adóbo (n): native dish of chicken or pork cooked in vinegar, garlic, soy sauce, etc. 13
aghám (n): science 17
Agósto (n): August 9
áhit (v): to shave

318

aklát (n): book 3
aklátan (n): library 22
akó (pron): I 1
akuwárium (n): acquarium 22
alá úna (n): one o'clock 17
álak (n): wine; alcoholic drink 13
alám (v): know; has knowledge of 2
alás diyés (n): ten o'clock 17
alás dos (n): two o'clock 17
alás dóse (n): twelve o'clock 17
alás kuwátro (n): four o'clock 17
alás nuwébe (n): nine o'clock 17
alás ónse (n): eleven o'clock 17
alás ótso (n): eight o'clock 17
alás saís/seís (n): six o'clock 17
alás síngko (n): five o'clock 17
alás siyéte (n): seven o'clock 17
alás tres (n): three o'clock 17
Alemánya (n): Germany 5
alíla' (n): servant, maid 25
alín (int): which 12
alkálde (n): mayor 4
alkilá, arkilá (v): to rent 24
almusál (n): breakfast 14
ampalayá (n): bittermelon 7
anák (n): offspring; son/daughter 5
anák ng kapatíd ko (n): my brother's/sister's child;
                          nephew/niece 11
ang (part): common noun marker 1
ánim (num): six 6
anó (int): what 1
aparadór (n): closet; cabinet 11
ápat (num): four 6
áral (v): to study 15
áraw (n): day 9
áraw-áraw (adv): every day 20
Áraw ng Kalayáan (n): Independence Day 9
Áraw ng mga Patáy (n): All Saints' Day 9
Áraw ng mga Púso' (n): Valentine's Day 9
Áraw ng Pasasalámat (n): Thanksgiving Day 9
artísta (n): actor/actress 13
asáwa (n): spouse; husband/wife 12
asáwa ng kapatíd ko (n) my brother's/sister's wife;
                          brother/sister-in-law 11
asín (n): salt 7
áso (n): dog 5
aspirína (n): aspirin 10
asúkal (n): sugar 14
asúl (adj): blue 6
at (conj) and 2
áte (n): elder sister 6
áyos lang: just fine, okay 1

ba (part): question marker 1
bababá' (v): will go down 19
babáe (n) (adj): female 6
babalík (v): will return 5
báboy (n): pig; pork 13
bag (n): handbag 12
bágay (n): thing, object 6
bágo (adj): new 7
Bágong Taón (n): New Year 9
bagoóng (n): fermented shrimp or anchovies 13
bagúhin (v): to change; to renew 5
bahála na (v): we'll see 18
báhay (n): house 2
bakasyón (n): vacation 9
bákit (int): why 19
bákod (n): fence 25
bakúran (n): yard 21
bakyá' (n): wooden shoes 22
(hindi) bále (n): (never) mind 22
balíta' (n): news 7
balkón (n): porch 11
bálse (n): waltz 17
balút (n): boiled fertilized duck egg 13
balútan (n): package 25
bangkó' (n): bench 11
bángko (n): bank 17
bányo (n): bathroom 11
báon (n): spending money 12
bapór (n): boat 22
bárbel (n): weight (for weightlifting) 25
barberyá (n): barber shop 23
barnís (n): varnish 25
baryá (n): change 22
bása (v): to read 14
basúra (n): garbage, trash 21
báta' (n): child 7
batíin (v): to greet 24
bay (interj): 'bye 2
bayábas (n): guava 25
báyad (n): payment 13
báyan (n): town 12
baybáy (n): spelling 3
bérde (adj): green 6
béses (n): times 18
béynte/bénte (num): twenty 13
beynte-dós (num): twenty-two 17
beynte-síngko (num): twenty-five 13
beynte-trés (num): twenty-three 17
beynte-úno (num): twenty-one 17
bibíg (n): mouth 10
bibilí (v): will buy 19
bibíngka (n): rice cake made with coconut milk 13
bigát (n): heaviness 12
bíhis (v): dress up 17

bilí (v): buy 14
bilóg (adj): round 6
Binibíni (n): Miss 1
bintána' (n): window 3
bintí' (n): leg 10
bíro' (n): joke 25
Bíse-Gobernadór (n): Vice or Deputy Governor 4
Bíse-Presidénte (n): Vice President 4
bisikléta (n): bicycle 5
biskuwít (n): crackers; cookies 22
bitbitín (v): to carry something by hand 24
Biyérnes (n): Friday 9
bóbo (adj): dumb 7
bobóto (v): will vote 4
bóksing (n): boxing 13
bóla (n): ball 6
bólpen (n): ballpoint pen 3
bóses (n): voice 25
bráso (n): arm 10
brilyánte (n): diamond 12
bugtóng (n): riddle 6
buháy (adj): alive 1
buhók (n): hair 10
búkas (adv): tomorrow 9
bulaklák (n): flower 3
bumabá' (v): go down; descend 24
bumása (v): to read 8
bumbéro (n): fireman 23
bumílang (v): to count 15
bumilí (v): to buy; bought 18
bundók (n): mountain 3
bunó' (n): wrestling 13
bunsó' (n): youngest child 11
burahín (v): erase 14
bus (n): bus 3
busóg (adj): full (of food) 14
butóng-pakwán (n): dried watermelon seed 13
buwán (n): month 9; moon 6
buwán-buwán (adv): every month 20

Convention Center (n): building on Roxas Blvd. in
                        Manila used for
                        conventions 20
Cultural Center (n): a theater-building on Roxas
                       Blvd. in Manila 20

daán (n): road, street 3
dadaán (v): will pass by 19
dágat (n): sea, ocean 7
dagdág (v): to add 21
dalá (n) (v): the thing carried 10; to bring;
                carry 21
dalawá (num): two 6

321

dalí' (v): hurry 17
dalíri' (n): finger 10
damít (n): clothing, dress 13
damó (n): grass 3
dápat (v): must 23
dápo' (v): alight, land on 23
daratíng (v): will arrive 19
dasál (n): prayer 25
dáti (adv): formerly 2
daw (adv): maybe, perhaps 2
delata (n): canned goods 22
delegado (n): delegate 4
dentista (n): dentist 4
departaménto (n): department 4
dibdíb (n): chest 10
díla' (n): tongue 10
diláw (adj): yellow 6
diligín (v): to water, sprinkle (plants) 21
di-masaráp (adj): not delicious 7
din (adv): too, also 2
diretsuhín (v): go straight 23
dise-nuwébe (num): nineteen 13
dise-ótso (num): eighteen 13
dise-saís (num): sixteen 13
dise-siyéte (num): seventeen 13
Disyémbre (n): December 9
díto (adv): here 23
diyán (adv): there 23
diyan ka na (interj): expression of leave-taking
                        equivalent to goodbye 2
diyáryo (n): newspaper 16
diyés (num): ten 13
doktór/a (n): doctor 4
doón (adv): over there 23
dormitóryo (n): dormitory 5
dos (num): two 13
dóse (num): twelve 13
dráyber (n): driver 1
Dress Museum (n): a museum for historical and
                        traditional Filipino
                        costumes 20
dugó' (n): blood 7
dumatíng (v): arrived 3
duwág (adj): coward 7
dyús (n): juice 13

edád (n): age 9
edukasyón (n): education 4
eksámen (n): exam 4
eleksyón (n): election 9
empleyádo (n): employee 11
Enéro (n): January 9
ensaláda (n): salad 14
entabládo (n): stage 20

eropláno (n): airplane 3
eskuwelahán (n): schoolhouse 3
Espánya (n): Spain 5
estudyánte (n): student 11
estúpido (adj): stupid 7
éwan (v): don't know 1

Fort Santiágo (n): part of the old Walled City
built by the Spaniards and
used as a dungeon by the
Japanese 20

gabí (n): evening, night 1
gabí-gabí (adv): every night 20
gálang (n): respect 23
gáling (v): come from; been 2
galíng (n): cleverness 7
gálit (n): anger 17
gamítin (v): use 21
gamót (n): medicine 16
gandá (n): beauty 3
ganyán (adv): like that 2
garáhe (n) garage 11
gastadór (n): spendthrift 7
gastahín (v): spend 24
gátas (n): milk 13
gawín (v): do 21
gáya (prep): like 2
ginagawá' (v): doing 2
Gínang (n): Mrs. 1
ginigináw (v): experiencing cold, chill 25
Ginoó (n): Mr. 1
gísing (n): wake-up time 17
gitára (n): guitar 20
gitná' (n): middle, center 11
gobernadór (n): governor 4
gúlay (n): vegetable 13
gumaméla (n): hibiscus 6
gumawá' (v): make 24
gumísing (v): woke up 20
gúro' (n): teacher 4
gusáli' (n): building 22
gustó (pv): want, like 2
gútom (n): hunger 17
guwápo (adj): handsome 7

habá' (adj): elongated 6
hábang (adv): while 18
hagdánan (n): stairs 24
hágis (v): throw 21
haláman (n): plant 21
halíka (v): come here 4

halúin (v): mix 21
hanggáng sa mulí' : till next time 2
hápon (n): afternoon 1
hapúnan (n): dinner 14
haráp (n) (adv): front; in front of 11
hardinéro (n): gardener 11
hári' (n): king 23
háyop (n): animal 6
hépe ng pulisyá (n): chief of police 4
héto (adv): here it is 1
hihingí' (v): will ask for 19
hihirám (v): will borrow 19
híkaw (n): earring 6
híla (v): pull 14
hilámos (v): wash (one's) face) 18
hindí' (adv): no; not 1
hingín (v): ask for 21
híntay (v): wait 20
hipúin (v): to touch 10
hiramín (v): borrow 21
hírap (n): difficulty 2
hiwáin (v): to slice, cut 21
ho' (part): semi-formal polite particle 13
hugásan (v): to wash 21
húgis (n): form, shape 6
hulí na (adv): late already 17
Húlyo (n): July 9
humánap (v): look for, search 10
humihingá (v): breathing 1
Húnyo (n): June 9
huwág (adv): don't 24
Huwébes (n): Thursday 9

ibá (adj) (n): different 3; others 22
ibabá' (v): take, bring down; put down 14
ibábaw (adv): on top 11
ibigáy (v): give 14
ibukás (v): open 14
idagdág (v): add 21
ideyá (n): idea 19
ihágis (v): throw 21
iinóm (v): will drink 19
ika-ánim (num): sixth; six o'clock 17
ika-ápat (num): fourth; four o'clock 17
ika-labíng-dalawá (num): twelfth; twelve o'clock 17
ika-labíng-isá (num): eleventh; eleven o'clock 17
ikalawá (num): second; two o'clock 17
ika-limá (num): fifth; five o'clock 17
ika-pitó (num): seventh; seven o'clock 17
ika-sampú' (num): tenth; ten o'clock 17
ika-siyám (num): ninth; nine o'clock 17
ikatló (num): third; three o'clock (from
              ika-tatlo) 17

ikáw (pron): you 1
ika-waló (num): eighth; eight o'clock 17
iksámen (n): examination 9
ilabás (v): take out 14
ilága' (v): boil 21
ilagáy (v): place, put 14
ilálim (adv): underneath 11
ilán (int): how many 6
ilang-ilang (n): a green, fragrant flower;
                           pakalana 23
ílaw (n): light 6
iligpít (v): to tidy up; put things in their
                  place 24
ílog (n): river 7
ilóng (n): nose 10
ilúto' (v): cook 21
Inglés (n): English 17
inhinyéro (n): engineer 4
inóm (v): drink 14
intindí (v): understand 20
inúmin (n): drinks, beverages 24
inyó (pron): yours (pl); your (sing/formal) 1
ipakilála (v): introduce 7
ipinanganák (v): born 5
isá (num): one 6
isará (v): close 14
isaúli' (v): return 14
isdá' (n): fish 13
istádyum (n): stadium 1
istasyón ng bus (n): bus station 23
istéryo (n): stereo 11
isúlat (v): write 14
itaás (v): take up; elevate 14
itabí (v): put aside 24
itágo' (v): hide 21
itaním (v): plant 21
itápon (v): throw away 14
itím (adj): black 6
itlóg (n): egg 13
itó (dem): this; this one here 2
itúro' (v): to point to someone/-thing 10
iyán (dem): that; that one there 3
iyón (dem): that over there; yonder 3

ka (pron): you (sing.) 1
kaarawán (n): birthday 20
kadaratíng (v): just arrived 3
kahápon (adv): yesterday 9
káhit (conj): although; even if; in spite of 25
kahón (n): box 6
káhoy (n): wood, lumber 25
kaibígan (n): friend 2
kailán (int): when 5

kailángan (pv): need to 2
kaínin (v): eat 14
kakáin (v): will eat 19
kakantá (v): will sing 19
kaklase (n): classmate 12
kalabáw (n): water buffalo 22
kalachúchi (n): plumeria 23
kalán (n): stove 22
kalayáan (n): freedom, independence 9
kaliwá' (adv): left 11
kálye (n): street 23
káma (n): bed 11
kamakalawá (adv): the day before yesterday 18
kamáy (n): hand 10
kámera (n): camera 12
kamí (pron): we 2
kámya (n): camia 23
kánan (adv): right 23
kandidáto (n): candidate 4
kandíla' (n): candle 11
kánin (n): boiled rice 14
kanínang umága, hápon (adv): this past morning, afternoon 18
kanína pa (adv): a while ago (already) 17
kaníno (int): whose 4
kantá (n): song 13
kánto (n): corner 23
kapág (conj): when 20
kapatíd (n): brother/sister 12
kapatíd na babáe (n): sister 11
kapatíd na laláke (n): brother 11
kapé (n): coffee 13
kapeteryá (n): cafeteria 1
kapiaspirína (n): aspirin 24
kapóte (n): raincoat 16
kargadór (n): longshoreman 11
karí-karí (n): oxtail stew 21
karnabál (n): carnival 15
karné (n): meat 13
karpentéro, karpintéro (n): carpenter 4
kartéro (n): mailman 4
kasál (n): wedding 25
kasáma (n): companion 3
kasí (conj): because 19
katabí (n): seatmate; one who is close by 3
katawán (n): body 10
katórse (num): fourteen 13
kayó (pron): you (pl) 1
kéndi (n): candy 13
késo (n): cheese 14
kílay (n): eyebrow 10
kiníg (v): listen 17
kínse (num): fifteen 13
kísame (n): ceiling 3

kláse (n): class 2
klínika (n): clinic 2
ko (pron): my 1
kok (n): Coke 13
komedór, kumedór (n): dining room 11
kómiks (n): comics 16
Kongréso (n): Congress 1
konsehál (n): councilor 4
konsiyérto (n): concert 18
kontribusyón (n): contribution 24
kópyahin (v): copy 14
kótse (n): car 3
kudrádo, kuwadrádo (adj): square 6
kukó (n): fingernail; toenail 10
kúlay (n): color 6
kumáin (v): to eat 15
kumakandidáto (v): running for office 5
kumantá (v): to sing 8
kumbidá (v): invite 14
kumbidádo (adj): invited 9
kumpuní (v): repair; alter 25
kumustá ka: how are you 1
kundíman (n): Tagalog classic love song 19
kúnin (v): get 14
kurbáta (n): necktie 18
kurípot (n) (adj): tightwad 7
kusína' (n): kitchen 11
kusinéro/a (n): cook 11
kutsaríta (n): teaspoon 21
kuwarénta (num): forty 13
kuwárto (n): room 11
kuwátro (num) four 13
kuwénto (n): story 30
kuwintás/kwintás (n): necklace 12
kúya (n): elder brother appellation 11

labá(v): launder
lában sa kólera (adj): anti-cholera 24
labandéra (n): laundry woman 11
labíng-ánim (num): sixteen 9
lagáy (v): put, place 14
lagnát (n): fever 1
lahát (adj): all 1
lákad (n): place where one is headed for; destination 3
laláke (n): man, male 5
lalamúnan (n): throat 10
lalangóy (v): will swim 19
lálo' (adv): more 10
lamán (n): content 12
lampás (adj): past 23
lang (part): only, just; shortened form of *lamang* 1
lángit (n): sky; heaven 3
langóy (v): swim 15

lápis (n): pencil 3
laró' (n): game 13
laruán (n): toy 6
laruín (v): play with 21
lása (n): taste 21
lasíng (adj): drunk 24
laurél (n): bay leaf 21
laybrarí (n): library 2
leég (n): neck 10
leksyón (n): lesson 14
Lerón-Lerón Sintá (n): title of a popular native song 16
líbot (v): move around 20
libró (n): book 12
lígo' (v): bathe 15
ligpitín (v): tidy up; put away (things) 24
likó'(v): turn 23
likód (prep): behind, in back of 11
líla (adj): violet; lavender 6
limá (num): five 6
limón (n): lemon 7
Linggó (n): Sunday 9
linggó-linggó (adv): every week 20
linísin (v): clean 21
lipád (v): fly 23
litsón (n): roasted pig 13
lóbo (n): balloon 7
lóko (adj) (n): crazy; a crazy person 17
lóla (n): grandmother 11
lólo (n): grandfather 11
lugár (n): place 21
lúma' (adj): old (nonanimate) 7
lumabás (v): to go out 8
lumákad (v): to walk; leave on a trip; set out for 8
lumikó' (v): turn 23
lumpiyá' (n): a native dish of meat and vegetables wrapped in an egg-flour sheet 13
Lunés (n): Monday 9
Lunéta (n): a park beside Manila Bay 20
lúpa' (n): earth, soil 12
lutúin (v): cook 14

maága (adj): early 17
maálat (adj): salty 7
maásim (adj): sour 7
mabába' (adj): short; low 7
mabábaw (adj): shallow 7
mabáho' (adj): foul-smelling 7
mabaít (adj): good; kind 7
mabalitáan (v): receive news of 2
mabangó (adj): fragrant 7
mabigát (adj): heavy 25
mabínat (v): to have a relapse 25
mabúti (adj): fine, good 1

madalíng-áraw (n): dawn 17
mádre (n): nun 11
mag-adórno (v): adorn, decorate 24
mag-áhit (v): shave 20
magalíng (adj): good; intelligent 7
magálit (v): get angry 20
mag-almusál (v): to eat breakfast 23
mag-ának (n): family clan 11
magandá (adj): pretty, beautiful; nice 1
magára' (adj): smart-looking 7
mag-áral (v): study 15
magasín (n): magazine 16
magbasá (v): read 18
magbásketbol (v): play basketball 20
magbibíngka (v): bake *bibingka* (rice cake) 24
magbigáy (v): give 20
magbíhis (v): dress up 18
magbiláng (v): count 18
magbilí (v): sell 24
magbiyolín (v): play the violin 24
magblo-"blów-out" (v): give a "blow-out" (party) 19
mag'bówling' (v): bowl 18
magdalá (v): carry 20
magdasál (v): pray 20
magdilíg (v): water, sprinkle (plants) 18
mag'dísco' (v): go disco dancing 18
magdrówing (v): draw 18
maggitára (v): play the guitar 24
maghapúnan (v): eat supper; dine 18
magháwak (v): keep, hold; take care of (as in money) 18
maghilámos (v): wash (one's) face 18
mag-iksámin (v): take an exam 18
mag-'jógging' (v): jog 18
magkáno (adv): how much 13
magkíta (v): to see each other 2
maglabá (v): to wash clothes, launder 15
maglagáy (v): put, place 20
maglakád (v): walk 24
maglakbáy (v): travel 21
maglaró' (v): to play 15
maglínis (v): to clean 15
maglitsón (v): to roast pig 24
maglumpiyá' (v): make lumpiya 24
maglúto' (v): to cook 15
magpaáhit (v): to have (oneself) shaved 25
magpaáyos (v): to have (something) fixed 25
magpabakúna (v): to get a vaccination 24
magpabúnot (v): to have (something) extracted 25
magpadalá (v): to have (something) carried 20
magpagamót (v): to have (oneself) cured 25
magpagawá' (v): to have (something) done 25
magpagupít (v): to have a haircut 25
magpahinga' (v): to rest 24

magpakuló' (v): to have (something) boiled 25
magpakulót (v): to have (one's) hair curled 25
magpalabá (v): to have (something) laundered 25
magpalínis (v): to have (something) cleaned 25
magpalúto' (v): to have (something) cooked 25
magpamakinílya (v): to have (something) typed 25
magpamaného (v): to have (someone) drive (you) 25
magpa-mánicure' (v): to have (fingernails) manicured 25
magpamasáhe (v): to have (oneself) massaged 25
magpansít (v): to cook pansit (noodles) 24
magpapintá (v): to have (something) painted 25
magpaplántsa (v): to have (something) ironed 25
magpasyál (v): to take a walk; promenade 15
magpatahí' (v): to have (something) sewn 25
magpatingín (v): to have (oneself) examined 25
magpatúro' (v): to have (oneself) taught (by someone) 25
magpiyáno (v): to play the piano 24
magplántsa (v): to iron clothes 21
magpuntá (v): to go 18
magpuyát (v): to stay up late 24
magsalitá' (v): to speak, talk 15
magsapátos (v): to put on shoes 18
magsasaká (n): farmer 11
magsayá (v): to have fun; enjoy 24
magsayáw (v): to dance 20
magsimbá (v): to go to church 23
magsinungalíng (v): to lie 10
magsipílyo (v): to brush (one's) teeth 23
magsugál (v): to gamble 20
magsukláy (v): to comb (one's) hair 23
magsulát (v): to write 23
magtaním (v): to plant 21
magtanóng (v): to ask 3
magtápon (v): to throw away 20
magténis (v): to play tennis 15
magtipíd (v): to be thrifty; to economize 24
magtrabáho (v): to work 15
magtsísmis (v): to gossip 24
magtúro' (v): to teach 15
magúlang (n): parent 11
magúlat (v): to be surprised 5
mag-unát (v): to stretch 24
magútom (v): to get hungry 20
mahába' (adj): long 7
mahál (adj): expensive; dear 7
Mahál na Áraw (n): Holy Week 9
mahángin (adj): windy 7
mahína' (adj): weak; soft 7
mahírap (adj): difficult; poor 7
mahúsay (adj): good; intelligent 7
maígi (adj): fine, good 1
maiksí' (adj): short 7

maíngay (adj): noisy 21
mainís (v): to get annoyed, irritated 20
mainit (adj): hot 7
maintindihán (v): to understand 16
maitím (adj): black; dark-skinned 7
makabúhat (v): to be able to lift 25
makagawá' (v): to be able to do 25
makaintindí (v): to be able to understand 25
makakáin (v): to be able to eat 25
makakantá (v): to be able to sing 25
makakíta (v): to be able to see 6
makalákad (v): to be able to walk 25
makalimútan (v): to be able to forget 25
makapagbíhis (v): to be able to dress 25
makapagbiró' (v): to be able to tease; jest 25
makapagdalá (v): to be able to carry 25
makapaglabá (v): to be able to wash clothes 25
makapaglaró' (v): to be able to play 25
makapaglínis (v): to be able to clean 25
makapaglitsón (v): to be able to roast pig 25
makapaglúto' (v): to be able to cook 25
makapagmíting (v): to be able to hold a meeting 25
makapagplántsa (v): to be able to iron clothes 25
makapagsalitá' (v): to be able to speak 25
makapagsayáw (v): to be able to dance 25
makapagtúro' (v): to be able to teach 25
makatápos (v): to be able to finish 25
makatugtóg (v): to be able to play an instrument 25
makatúlog (v): to be able to sleep 25
makatúlong (v): to be able to help 25
makakakíta (v): will see 20
makiníg (v): to listen 15
makípot (adj): narrow 7
malakás (adj): strong; loud 7
malakí (adj): big, large 7
malálim (adj): deep 7
malamíg (adj): cold, chilly, cool 7
malápit (adj): near 19
malígo' (v): to take a shower; to bathe 15
maliít (adj): small 7
malinamnám (adj): exquisitely delicious, yummy 7
malínis (adj): clean 24
malungkót (adj): sad 20
malungkútin (adj): prone to sadness 7
maluwág (adj): loose 7
maluwáng (adj): wide; spacious 7
mamayá' (adv): later 2
manálo (v): to win 4
mananáyaw (n): dancer 4
mananghalían (v): to eat lunch 18
mangangalákal (n): businessman 11
mangangantá (n): singer 13
manggá (n): mango 7
manók (n): chicken 22

manoód (v): to watch 20
mansánas (n): apple 13
mantekílya (n): butter, margarine 15
mantíka' (n): lard; cooking oil 21
mapágod (v): to get tired 20
mapaít (adj): bitter 7
maputí' (adj): white; fair-skinned 7
marámi (adj): many 5
Márso (n): March 9
Martés (n): Tuesday 9
marumí, madumí (adj): dirty 24
marúnong (adj): intelligent 7
masáhe (n): massage 25
masakít (adj): painful 10
masalitá' (adj): talkative 5
masaráp (adj): delicious 7
masasábi (v): can say 2
masayá (adj): happy, cheerful 7
masíd (v): to watch 17
masikíp (adj): tight 7
masípag (adj): hard-working, industrious 7
masustánsiya (adj): rich in vitamins 24
masyádo (adj): excessive 5
matá (n): eye 10
mataás (adj): tall; high 7
matabá' (adj): fat 7
matabáng (adj): bland; lacking in distinctive taste
such as saltiness, sourness,
sweetness 7
matákot (v): to be scared 20
matalíno (v): to be intelligent 7
matamís (adj) (n): sweet; sweets; dessert 7
matandá' (adj) (n): old; an old person 7
matangkád (adj): tall 7
matápang (adj): brave 7
Matemátika (n): Mathematics 17
matúlog (v): to sleep 15
matúto (v): to learn 15
maúhaw (v): to get thirsty 20
maulán (adj): rainy 7
mauuná (v): will go ahead 2
may (part): have; there is, are 1
mayáman (adj): rich 7
mayá-mayá' (adv): later 10
Mayníla' (n): Manila 5
Máyo (n): May 9
médya (adj): half 17
mekániko (n): mechanic 11
ménos (adj): less, minus 17
meriénda (n): snacks 17
méron (v): there is, are; has 7
mésa (n): table 7
mgá (part): plural marker 1
milón (n): melon 13

mínsan (adv): once 2
míting (n): meeting, conference 25
Miyérkoles (n): Wednesday 9
mo (pron): you; your 2
mukhá' (n): face 10
munisípyo (n): municipal building, townhall 23
múra (adj): cheap, inexpensive 7

na (adv): already 2
nag-aáral (v): studying 3
nag-asáwa (v): got married 5
naglakád (v): walked 10
naglilipát-lipát (v): moving from one place to another 20
naglulúto' (v): cooking 20
nagmamatamís (v): having dessert 20
nagsasayá (v): having fun 20
naiintindihán (v): able to understand 20
nakakahingá (v): able to breathe
nakakaramdám (v): able to feel 25
nakakaráos, nakararáos (v): surviving 1
nakakatawá (adj): funny 7
nakalimútan (v): forgot 12
nakatirá (v): residing in 15
namán (part): response marker; also, too, rather, again, turn, on the other hand 1
nambóla (v): put someone on; expressed an exaggeration 25
námin (pron): our 1
nánay (n): mother 11
nandíto (dem): here; it is here 23
nandiyán (dem): there; it is there 23
nandoón (dem): over there; it is over there 23
napaká (adv): too, over, very 10
nariníg (v): heard 6
nars (n): nurse 11
nasá (prep): preposition indicating where someone or something is 23
nasaán (int): where 1
nátin (pron): our 1
nérbiyos (n): nervousness 17
ng (prep): of 4
ngá' (adj): word for emphasis 3
ngayón (adv): now; today 9
ngípin (n): tooth 10
ngití' (n): smile 3
ngumití' (v): to smile; smiled 3
nilá (pron): their 3
nilíbot (v): went around all over 20
nitó (dem): this 3
niyá (pron): his/her 2
nobéla (n): novel 16
nóbyo/a (n): boyfriend/girlfriend 5
Nobyémbre (n): November 9

noó (n):   forehead   10
-noód (v):   watch   15
noón (adv):   then (in the past)   5
nubénta (num):   ninety   13
número (n):   number   12
nunál (n):   mole   12
nuwébe (num):   nine   13

o (conj):   or   3
O' anó (int):   How is it   1
Oktúbre (n):   October   9
ónse (num):   eleven   13
óo (adv):   yes (informal)   3
ópera (v):   operate on   25
opisína (n):   office   2
ópo' (adv):   yes (formal)   3
óras (n):   time; hour   2
órens (n):   orange   6
O' síge: okay, alright; go ahead   2
ospitál (n):   hospital   23
otél (n):   hotel   23
otsénta (num):   eighty   13
ótso (num):   eight   13

pa (adv):   yet, still; as yet; more, another   1
paá (n):   foot   10
paálam   goodbye   2
paáno (adv):   how   3
paaralán (n):   school   23
padér (n):   wall   3
pag (conj):   on; if; when   20
pagdatíng (adv):   upon arrival   23
pagkáin (n):   food   12
pagód (adj):   tired   20
pakwán (n):   watermelon   13
palá (adv):   so, so then   2
palabás (n):   show   10
pálad (n):   palm of the hand   10
pálay (n):   unhusked rice   22
paléngke (n):   market   23
palikúran (n):   toilet   2
pamílya (n):   family   11
pamintá (n):   pepper   21
panaderyá (n):   bakery   22
panahón (n):   weather 20; time   22
panayám (n):   interview   5
pandák (adj):   short (refers to a person's height)   7
pangálan (n):   name   2
pangánay (n):   eldest child   11
pángit (adj):   ugly   7
pangungúsap (n):   sentence   14
pangyayári (n):   happenings   2
pansít (n):   a native noodle dish usually cooked
                    with meat and vegetables   13

pantalón (n): trousers 6
paós (adj): hoarse 25
pápag (n): a bamboo bed; a wooden divan 11
papások (v): will enter; will go to work/school 19
papél (n): paper 3
pára (conj) (prep): occurring before *sa* phrases to mean 'so that'; 'in order to'; for; to; till 2, 17
paráda (n): parade 9
parého (adj): the same, identical 9
párke (n): park 1
paról (n): paper lantern 24
parú-paró (n): butterfly 23
pasádo (adv): past 17
pasalúbong (n): a present (usually given by one returning from a trip) 20
pasiyénte (n): patient 22
Paskó (n): Christmas 9
pások (n): lit. class/work, as in 'wala akong pasok' (I have no class/work) 20
pasyál (v): stroll, promenade 15
patáy (adj): dead 17
patíng (n): shark 22
patingín (v): to let someone see something 11
patúngo (v): on the way to 20
payát (adj): thin, slim 7
páyong (n): umbrella 21
Pebréro (n): February 9
péra (n): money 12
péro (conj): but 3
pétsa (n): date 9
piláy (adj): lame
pilóto (n): pilot 22
pinakbét (n): a native dish of vegetables 13
pínsan (n): cousin 11
pintó' (n): door 3
pintúra (n): paint 25
pinyá (n): pineapple 6
pisára (n): blackboard, chalkboard 6
pistá (n): feast; fiesta 9
pitó (num): seven 6
piyáno (n): piano 11
pláka (n): phonograph record 21
plása (n): plaza, town square 23
pláto (n): plate 14
ploréra (n): flower base 11
pó' (part): a form that indicates respect or politeness; sir/ma'am 1
ponógrapo (n): phonograph 11
póste (n): post 7
Pránsya (n): France 5
presidénte (n): president 4
pridyidér (n): refrigerator (Frigidaire) 11
prinsipál (n): principal 11

príto (n): fried food 13
probléma (n): problem 7
prútas (n): fruit 13
pugón (n): oven 11
pukpukín (v): pound, crush 21
pulá (adj): red 6
pulís (n): policeman 1; police 4
pumások (v): to enter; entered; went to work/
                 school 15
pumíli' (v): choose; chose 18
punásan (v): wipe; give someone a sponge bath 21
púno' (n): tree; tree trunk 3
pupuntá (v): will go 3
púsa' (n): cat 5
putí' (adj): white 6
puwéde (pv): can; possible 3

Quiápo' (n): a downtown district of Manila 20

rádyo (n): radio 11
rakéta (n): racquet 20
Rásya (n): Russia 5
regálo (n): gift 13
regulasyón (n): regulation 5
rektánggulo (n) (adj): rectangle; rectangular 5
reló (n): clock; watch 12
representánte (n): representative; congressman 4
restaurán (n): restaurant 22
retráto (n): picture, photograph 6
rin (adv): too, also 2
rosál (n): gardenia 23
rósas (adj) (n): pink; roses 6

sa (prep): to; from; in; on; etc. (location
              marker) 1
saán (int): where 2
Sábado (n): Saturday 9
ságing (n): banana 13
sagó (n): tapioca 6
sagutín (v): reply, answer 6
saís/seís (num): six 13
saká (conj): and, also, in addition 4
sa kaliwá' (adv): to the left 23
sa kánan (adv): to the right 23
sakít (n): illness 1
sála (n): living room 11
salámat (n): thanks 11
salamín (n): mirror 11
salbáhe (adj): mischievous 7
salitá' (v): say, state, talk 15
salubúngin (v): to meet someone 24
sampaguíta (n): pikake 23
sampú' (num): ten 6

sána (v): wish, hope 21
sandalí' (n): moment; second 22
sanggól (n): baby 7
santó (n): saint 22
sánwits (n): sandwich 14
sapátos (n): shoes 12
sasabíhin (v): will say 3
sasakáy (v): will ride 19
sasayáw (v): will dance 19
Sebú (n): Cebu, an island in the Visayas, in the Philippines 5
sekretárya (n): secretary 4
sélyo (n): stamp 22
senadór (n): senator 4
serbésa (n): beer 8
Setyémbre (n): September 9
si (part): proper noun subject marker used before names of persons 1
sigarílyo (n): cigarette 13
síge (part): go on, proceed, continue 2
sigúro (adv): probably 19
siklót (n): a native game played by flicking stones 16
síko (n): elbow 10
Sikolohiyá (n): Psychology 17
silá (pron): they 1
silíd (n): room 6
silíd-aralán (n): classroom 3
sílya (n): chair 6
simbáhan (n): church 23
siménto (n): cement 25
siná (part): plural of *si* 4
sinábi (v): said 2
sinangág (n): fried rice 13
síne (n): movie; moviehouse 2
síngko (num): five 13
singkuwénta (num): fifty 13
singsíng (n): ring 12
sinigáng (n): sour stew of fish or meat and vegetables 13
sínu-síno (int): who (plu) 4
sipílyo (n): brush 18
sipón (n): a cold 1
sisénta (num): sixty 13
siténta (num): seventy 13
sitsarón (n): fried pork skin 13
siyá (pron): he/she 1
siyám (num): nine 6
siyánga' (adv): really, truly 2
siyémrre (adv): surely, of course 4
siyéte (num): seven 13
siyudád (n): city 2
sopá (n): sofa 11
sópas (n): soup 14
sorbétes (n): ice cream 13

súbo' (v): to put something in (one's) mouth) 14
súka' (n): vinegar 22
sukláy (n): comb 18
sulátin (v): to write 21
sumakáy (v): to ride; rode 18
sumáli (v): to join in 24
sumáma (v): to go with 4
sumasainyó: an expression meaning 'yours truly' 20
sumayáw (v): to dance; danced 15
sumúlat (v): to write; wrote 8
sungká' (n): a native game played with pebbles
                 and a "sungka" board 16
sunúgin (v): to burn 21
súsi' (n): key 12
susúlat (v): will write 19
susunód (n) (v) (adj): the next one; will follow;
                          next, following 20
suwéldo (n): salary, wage 22
swéter (n): sweater 12

tabí (prep): side, beside 11
tabíng-dágat (n): beach, seashore 3
tabléta (n): tablet 24
tagá (adj): hails from 2
taga-línis ng otél (n): hotel cleaner; janitor 11
Tagálog (n): the largest linguistic group in the
                 Philippines, mostly concentrated on
                 the island of Luzon 9
tagá-saán (int): from where 5
tahiín (v): to sew 21
tahímik (adj): quiet, silent 10
takíp (n): cover 11
tákot (n): fear 17
talagá (adv): truly 2
talón (v): to jump 19
talóng (n): eggplant 6
tambák (n): heap, pile 25
tangh. áli' (n) (adj): noon, midday; late
                     (timewise) 1
tangh. áli na (adj): late already 17
tanóng (n): question 22
tanungín (v): to ask 17
táo (n): person, human being 6
taón (n): year 9
táong-báhay (n): housekeeper; housewife 4
tápa (n): dried beef 7
tapát (prep): across, in front of 23
'tápos (adv): then; afterwards (short for
               pagkatapos) 9
tatakbó (v): will run 19
tátay (n): father 11
tatló (num): three 6
táwag (v): call 17
tawirín (v): cross 23

táyo (pron): we; us 2
téla (n): cloth; clothing material 21
telebisyón (n): television 11
telépono (n): telephone 20
téna (v): come on 18
ténga (n): ear 10
térno (n): formal native costume with butterfly
       sleeves for women 25
tikmán (v): taste 14
tinápay (n): bread 13
tindáhan (n): store 12
tindéro/a (n): storekeeper; shop owner;
       sales clerk 4
tiniklíng (n): the bamboo dance 16; the bird after
       which the dance is named 19
títser (n): teacher 11
tiyá (n): aunt 11
tiyán (n): stomach 10
tiyó (n): uncle 11
tórta (n): omelette 13
totoó (adj): true 3
tóyo (n): soy sauce 22
trabáho (n): job, work 1
trénta (num): thirty 13
trénta'y dós (num): thirty-two 17
trénta'y síngko (num): thirty-five 13
trénta'y úno (num): thirty-one 17
tres (num): three 13
tríse (num): thirteen 13
triyánggulo (n) (adj): triangle; triangular 6
tsaá, tsá (n): tea 13
Tsína (n): China 5
tsinélas (n): slipper 12
tsok (n): chalk 6
tsokoláte (n) (adj): chocolate drink, candy 13;
       brown 6
tsupér (n): driver, chauffeur 4
tubéro (n): plumber 11
túbig (n): water 14
tugtóg (n): music 20
túhod (n): knee 10
tukadór (n): dresser 11
tuktók (n): top, peak 25
tulá' (n): poem, poetry 19
túlad (prep): similar to 25
túlog (n): sleep; bedtime 17
túlong (n): help 20
tulóy (v): go, proceed 20
tumakbó (v): to run; ran 8
tumalón (v): jump; jumped 8
tumawíd (v): cross; crossed 24
tumayó' (v): to stand up; stood up 8
tumingín (v): look; looked 24
tumugtóg (v): play a musical instrument; played
       a musical instrument 20

tumulá' (v): recite a poem; recited a poem 18
tumúlong (v): help; helped 20
tungkól (prep): about, concerning 24
túro' (v): point 21
tuwálya (n): towel 21
tuwíng Disyémbre (adv): every December 20
tuwíng Paskó (adv): every Christmas 20
tuwíng Sábado (adv): every Saturday 20

úbas (n): grape 13
ubó (n): cough 10
ugáli' (n): ways, customs, habit 20
úhaw (n): thirst 17
úkol (prep): for; about 2
úlam (n): main dish; viand 13
ulán (n): rain 7
úlap (n): cloud 7
ulí' (adv): again 5
úlo (n): head 10
umága (n): morning 1
umakyát (v): climb; climbed 10
umalís (v): to leave; left 8
uminóm (v): to drink; drank 15
umupó' (v): to sit; sat 15
umuwí' (v): come, go home; came, went home 18
úno (num): one 13
uwían (n): time for going home 17

walá; (pron): there is none; nothing; none 1
waláng trabáho: without work, jobless 11
walá pa: not here yet; none yet 17
walís (n): broom 21
walisín (v): sweep 21
waló (num): eight 6
wíka' (n): language 3

yáta' (adv): maybe, perhaps; it seems 10
yélo (n): ice 7

340

ABOUT THE AUTHOR

Teresita V. Ramos is professor of **Pilipino** and coordinator of the Philippine Literature Program at the University of Hawaii. Formerly an education specialist with the Philippine Department of Education, she holds an M.A. degree in teaching English as a second language from the University of Michigan and a Ph.D. degree in linguistics from the University of Hawaii.

Dr. Ramos has trained teacher trainers and teachers involved in bilingual education in the Philippines and in the United States, and she was a leader in initiating bilingual education in the public schools in Hawaii.

She is the author of *Tagalog Structure* and *Tagalog Dictionary* and coauthor of *Tagalog for Beginners* and *Intermediate Tagalog*. Dr. Ramos is preparing a Tagalog reader, a reference handbook on Tagalog verbs, and intensive Tagalog lessons for nursing, public health, and social work professionals.